岡山ゆかり人

第4巻

丸尾泰司

はじめに

21世紀前半の現在、地球上では約80億人がそれぞれの国や地域に分かれて暮らしています。文明社会の最古はおよそ7000年前に遡るとも言われていますが、世界の人々が一つひとつの個体として自由平等であるべき、いわば「生きる主体」として意識されるようになったのは、たかだか300年くらい前からではないでしょうか。そして近代になると、西欧を嚆矢（こうし）として封建制が解体されていきました。むろん、そのことは先人たちの努力の過程から生まれた思想や理論を力に人々が立ち上がることにより獲得されたものでありましょう。言い換えると、彼らの苦闘と努力により生み出された、それらの成果（かのフランス革命は「自由・平等・博愛」を掲げた）の上に今日の私たちは立つことができているに他なりません。

（注）ここで文明とは、人間が作り出したもののうち、継続し、再生産がなされる方向性を持った社会経済システムの総体であり、また文化とは社会の様々な面で個人、人々の中に根付いている要素（意識的であれ、無意識的であれ、精神面に留まらず、これらが外に現れ具体的な形となったものを含む）、もしくはそれらの集合を指していよう。

それらに応じて個人の自由と権利に基づく選択、そして立居振舞が叫ばれるようになり、社会についての理解も上からの権威で一定の方向性を押し付けるものではなくて、今日的には「科学的・合理的にどうであるか、どうか」が価値観なり行動選択の礎となっていきます。その分、社会を支えている主人公は一握りの権力者などではなく、広く人民であるとの理解の下、より多くの人々の関心は社会の中での自分はどう生きるべきか、どうしたらより良く、快適に、そして安全に生きるかなどを考え、そのために単独あるいは仲間とともに、社会の構成員として行動するようになっていきました。しかし、個人というものはそれ自体でその存在意義か完結するものではありませんから、一歩踏み込んで社会の中での自分を措定して、その立場で、国家や国際組織に至るまでの様々な集団の中で物を言い、共通認識を養い、行動していこうとなります。それこそが、人間社会における理論と実践の弁証法的統一の所産ということになりましょう。

例えば、そんな中で登場した初期の社会主義思想は、その端緒としてのロバート・オーエン（１７７１〜１８５８、イギリスの産業革命期における啓蒙的工場主にして、協同組合の提唱者）が目指した資本制社会の変革思想（注）から窺えるような、人間労働がもつ普遍性への着眼に根拠を置きました。

（注）「価値の自然的尺度は、もともと、人間の労働、いいかえれば、はたらかせた人間の肉体と精神との諸力の複合である。（中略）価値尺度をこのように変えたならば、すぐさま、最大の利益をあげる国内市場を開拓することができるようになり、ついには万人の要求を十二分に充足させることができると思います。また、さきざき、市場の不足を原因として、いかなる害悪も起こりようがなくなるでしょう。（中略）この変更によって、労働者階級だけでなく、すべての階級の状態を漸次に改善していくことができ、それがどこまですすむかはいまから推測できないほどであります。しかもこの価値尺度の変更によって、誰一人として損害をうけたり抑圧されたりするものはいないでしょう。というのも、それによって、人間の性質は本当に改良されますし、ひいては万人が例外なくずっと仕合せになるからであります。」（ロバート・オーエン著・渡辺義晴訳「社会変革と教育」明治図書出版、１９６３）

もちろん、こうした自然と社会に関しての認識の進展と、それを担ってきた先進的な人々の営為に引っ張られる形で、広範な人々が切磋琢磨しての行動理念は次の、また次の世代へと受け継がれていくのですが、今日迎えた21世紀までの時を刻み、これからさらなる一方を歩み出していくのでありましょう。そして今日では、人類活動の範囲と内容がこの地球を覆うほどに広く大きく、さらに宇宙空間に接するほどに巨大なものになって来ているのではないでしょうか。勢い、それらを包含しての価値観が互いにぶつかり合ってせめぎ合うパターン（多様なあり方の国家「意思」とも相俟って）も出てくるなどして、いわば複合的な作用・反作用が続いていく、それこそが、今日の世界の特色の一つと言えましょう。

それでは、この限られた地球の上に住む人類のこれからはどうなっていくのでしょうか。その方向性は、幾つも考えられるのでしょうが、基本としたいのは、世界人類の一人ひとりが様々な場所と時において自ら考え、行動していく、この当たり前のことがますます要請されてくるのだと思います。ちなみに、今日のような発展した高度情報社会においては、人間が自然に対して成す影響力がかつてない程に拡大し、さらに従来私たちの考えに入っていなかったような教育や文化、芸術の分野の営為までもが把握されるべきものとして迫って来るのかも知れません。そんな情報が未曾有に押し寄せてくる場合における、「歴史における個人の役割」というのは、どんなであるべきなのか、このことを鑑みるに、大原総一郎の言葉に、次のようなものがあります。

「日本の近代は、見方によれば新興宗教の時代である。宗教の名による、科学の名による、芸術の名による、新興宗教の香に付きまとわれている。ニューヨークの近代美術館でキューブの絵は分からぬと断じ、当時の被占領国の旅行者にさえその正直さを隠そうとしなかった米国婦人のあり方のほうが、なにか、近代が一般的に求めている、サラサラとしてこだわりのない明朗さを持っているのではないだろうか。ピカソやブラックが分からねば分からぬで、なんの差し支えもない。むしろ、分からないものを分からないといえない要素が、国の平和や民主化の妨げになり、それらに漸次独善の上に居丈高になって、自由をも文化をも、また「近代美術」そのものさえも、滅ぼす要因となることを、恐れなければならない。」（大原総一郎「近代美術と近代精神」：「大原総一郎随想全集4社会・思想」福武書店、１９８１）

このように、私たちが世界で日々起こっている物事を見る（観る）立場、そして自身のあり方を、個々人がオリジナリティとして自覚することが大事であって、そうした視点を養い、実生活に織り込んで社会の中で生きていく、そして人類社会をより良くするために声を出し行動していくことが何より大切な時代となっていくのではないかと考えます。もちろん、私たち一人ひとりの活動力は限られていますし、できるだけ多くの人々と連帯してそれを育てていくためには、相応の組織、場、そして交通というものが必要でしょうから、それらのことを絶えず意識しながら、閉鎖的にならないよう、今なすべきことをなし、ひいてはそれを未来へとつなげていかねばなりません。そういうことに思いをはせれば、人とし生きようとするに勇気がわいてくるのではないでしょうか。この第4巻では、主に近・現代における「岡山ゆかり人」を取り扱うことで、その多様な生き方に着目し、紹介する中で、私たちが現代歩んでいる意味、そして未来への展望を何かしら汲み取ることができると思われる人生を紹介してみました。既に発刊している3冊と合わせまして、一通り、古代から現代までの人間像を、筆者なりの感想を織り交ぜながら紹介しておりますことから、是非、読者の皆様の御感想をお聞かせくだされば幸いです。

凡例

1、本書は、岡山出身者及び岡山ゆかりの人物で構成することから、そのつながりを意識し、広い意味での「岡山ゆかり人」として一括紹介する。

1、小学生からの読者諸氏を想定して、文中に見える漢字はできるだけ新字体を使い、丁寧さを念頭に、漢字・かなやカタカナの古体・略体などは、できるだけ通行の字体に改めて用いる。

1、史料などの引用・紹介に当たっては、できるだけその出所を明らかにする。また、引用文や問答には「」を付すとともに、できるだけ、その理解を容易にしてもらうための若干の説明を施す。

1、幅広い年齢層に読んでいただくため、適宜、句読点、改行、ひらがなを丁寧に付す。年号の表記に当たっては、特段の場合を除き、世界暦（通称は西暦）を先行させたい。また、度量衡を示す数字なども含めた全体において、できるだけアラビア数字を用いる。

1、各々の史実につき、どのような論調が見られるかを整理し、その中からできるだけ複数の見方を紹介する。また論評を加える際には、公平・公正な立場から行うこととしたい。

1、それぞれの歴史事象の評価をめぐって視野を広げる工夫の一つとして、その時々の国際関係がどうなっているかをできるだけ探求し、反映する形で記述に当たりたい。なお、適宜、史料を原文のままにても紹介し、その場合には日本語でその内容を補完するよう努める。

1、原則として、文中での敬称は省く。また、特定の人について、格別の言葉使いをしない。なぜなら、あらゆる人は同等であり、その価値において優劣は存在しないからである。

1、参考にした史料などについて出所を記す場合には、できるだけ文中に括弧書きを挿入することにより、読者がその都度ページをめくる手間を省きたい。また、別建てで説明が必要な事項については、当該の節が終了した後に、適宜「(注)」を施し、簡単な説明を加える。

1、できるだけ幅広く、を念頭にしつつ、おおよそ年代順に300項目・約400人の人生を後追い・編集しての全体の内、本書は第4分冊として紹介する。その中でも、これまでの類書において大方知られざる、新たな人物像を発見するべく努める。というのも、いわゆる「功なり名を遂げた人」のような人選び方ではなく、もっと広い視野を持つよう心掛けたい。

1、なるべく最近の岡山各地の状況を把握して、最新の姿を伝えるべく努める。

1、有史以来、最近では「人新世」との呼び方も流行しているようだが、世の中を本当の意味で支えてきたのは、一握りの権力者などではなく、額に汗して働く人々であるとの思いをもって、一つひとつの事象を記すよう心掛けたい。

目次（第4巻）

（255）岡山人（19〜20世紀、坪田譲治）
（256）岡山人（20世紀、木山捷平
（257）岡山人（20〜21世紀、法華滋子、山﨑治雄、
石津良介、石津謙介）
（258）岡山人（19〜20世紀、尾上松之助）
（259）岡山人（19〜20世紀、重森三玲）
（260）岡山人（20世紀、人見絹枝）
（261）岡山人（20世紀、大山康晴）
（262）岡山人（20世紀、三宅精一）
（263）岡山人（19〜20世紀、正宗白鳥）
（264）岡山人（20世紀、西東三鬼）
（265）岡山人（19〜20世紀、布上喜代免）
（266）岡山人（19〜20世紀、土光敏夫）
（267）岡山人（20世紀、苅田アサノ）
（268）岡山人（20世紀、棟方志功）
（269）岡山人（19〜20世紀、滝川幸辰、川上貫一）
（270）岡山人（20世紀、福武哲彦）
（271）岡山人（20世紀、横溝正史）
（272）岡山人（20世紀、三木行治）
（273）岡山人（20世紀、小谷善守）
（274）岡山人（20〜21世紀、手塚亮、藤原雄）
（275）岡山人（20〜21世紀、水野晴郎）
（276）岡山人（20世紀、神谷美恵子）
（277）岡山人（20世紀、斎藤真一）
（278）岡山人（20世紀、久原濤子）
（279）岡山人（20世紀、太田薫）
（280）岡山人（20世紀、金重道明）
（281）岡山人（20〜21世紀、藤澤人牛）
（282）岡山人（20〜21世紀、河野磐、竹田喜之助、
沼田曜一）
（283）岡山人（20〜21世紀、高塚省吾
（284）岡山人（20〜21世紀、大森久雄）
（285）岡山人（19〜21世紀、稲葉右二、近藤万太郎
（286）岡山人（19〜21世紀、江草安彦、河本乙五郎、
中川横太郎）
（287）岡山人（20〜21世紀、橋本龍太郎）
（288）岡山人（20〜21世紀、田淵節也）
（289）岡山人（20〜21世紀、星野仙一）

（290）岡山人（20～21世紀、吉永祐介）
（291）岡山人（20～21世紀、渡辺和子）
（292）岡山人（20～21世紀、谷口澄夫）
（293）岡山人（20～21世紀、柴田一、片山新介）
（294）岡山人（20～21世紀、矢山有作）
（295）岡山人（20～21世紀、岡映、則武真一）
（296）岡山人（20～21世紀、大林秀彌）
（297）岡山人（20～21世紀、福田史郎）
（298）岡山人（20～21世紀、高畑勲）
（299）岡山人（20～21世紀、木原光知子）
（300）岡山人（20～21世紀、山本博文）

221『岡山の歴史と岡山人』

岡山人（18～20世紀、武元君立、友山勝次、ローエンホルスト・ムルデル、江川三郎八）

武元君立（たけもとくんりつ、1770～1820）は、江戸時代後期の農学者にして、教育家でもある。和気郡北方村（現在の吉永町）において、代々名主（なぬし）を務めていた父の和七郎と母の花子（歌人）の間の二男として生まれる。幼名は勇治、字（あざな）を君立という。和七郎・花子夫妻はその辺りでは教養人の誉れ高くして、教育熱心であったことから、1776年（安永5年）に兄の登々庵（字は、とうとうあん、名は周平という）と一緒に閑谷（しずたに）学校に入学させる。兄弟ともに当初から勉学（論語など漢籍の類か）に優れており、1782年（天明2年）に地元の天神講が始まる頃には、その講釈人を務めるほどになっていたというから、驚きだ。

1793年（寛政5年）に江戸へ出て、大学頭（だいがくのかみ）の林述斎（はやしじゅっさい）に師事して、学ぶ。ところが、在籍して役半年後には帰郷して、北方村の名主となる。そして1800年（寛政12年）に父が引退すると、北方村の名主を継ぐ。その傍らでは、その地位に甘んじることなく、農業面での実体験も含めての、村役人として体得した学問（農業政策）を取りまとめていく。その成果として「勧農策」（岡山藩への「建白書」であろうか）を著（あら）わす。その内では、農民生活の疲弊を採り上げていて、しかも、その疲弊の原因として重税と在方商業の発展（商業・高利貸資本が社会の土台を食い荒らしていることを憂えたものか）を指摘する。さらに当該の貧困防止策にも言及し、かかる在方商業の抑制（その辺り、いわゆる全面批判しているのではあるまいが）と、城下で徒食する家中武士たちをそれぞれ知行地に移住させ、土着帰農させよという。かの熊沢蕃山の再来か、と見まがう程だ。それ以外にも、農民への労

（いたわ）りが必要だとしていて、「平生勤労する百姓が、一日の余白で酒宴を開く」のはもちろん、「村民の中には博奕（ばくえき）や小盗みしたり、借金を踏み倒す不埒者（ふらちもの）もあるが、彼らとて、もとを糺（ただ）せば極貧のあまり、夢も希望も失い自暴自棄になったもので、むしろ憐れむべき者達である」（柴田一「吉備の歴史に輝く人々」吉備人出版、２００７の現代訳に従う）と弁護するなど、正しい農民観を確立している点では、当世のこの国においては、物象の背景に分け入って社会の本質に迫ろうとの気迫が感じられ、最先端をゆくものであったろう、偉大だ。

１８１３年（文化10年）には、閑谷学校の教授に招かれ、閑谷に移住する。というのも、文才は確かなものであって、次々と来訪する文人墨客の応接用に、学校の成り立ちと配置を記した「閑谷学図」（重要文化財）を取りまとめ、また茶室「黄葉亭（こうようてい）」（名は頼春水（らいしゅんすい））を建てる。１８１７年（文化14年）には、世子池田斉輝の侍講と藩校の授読師に就任するも、翌年に斉輝がなくなったことがショックであったようで、脱藩して京都に移住する。それからは、私塾・高林社を開設して近隣の子弟を教える、その中には公卿や僧侶、医者もいたというから、相当な知識人として見られていたことになろう。ところが、１８２０年（文政3年）のある日、以前から書き綴ってきていた「史鑑」（歴史書）を脱稿し、故郷へ帰る途中（現在の赤穂（あこう）市折方付近）の門人宅で亡くなる。

友山勝次（ともやまかつじ、１８１０～没年不詳）は、一橋家の備中・江原陣屋（役所）の代官を務めた、一橋家に出向していた幕臣と伝わる。１８４７年（弘化4年）11月から１８５８年（安政5年）9月まで、11年間の在籍。当時の一橋家の所領としては、一説には小田郡下29か村、後月郡（しつきぐん）下26か村の、合計55か村を束ねていたという。なお、備中全体での所領は、１８２７年（文政10年）に、領地10万石の内3万３５００石を、備中国の後月、小田、上房の3郡のうちに移されて以来、それから１８６９年（明治2年）まで47年間存続と伝わる。赴任当初から意気込みを以て治世に当たった。1848年（嘉永元年）には、領民に桐苗の植栽を奨励する。換金作物の桐を栽培させること により、凶作の時にはこれを売って収入と為すねらい。具体的には、領内の裕福な農民に桐苗を調達させ、それを領内の全戸に一本またはそれ以上に貸し与えることで、霧が育つまで約5年を見込んだという。

1850年（嘉永根3年）には、山鳴大年（やまなりだいねん）らの巡回種痘の趣意書に推薦状を書き、牛痘種法の普及に力となる。とはいえ、当時はまだ心配もあってか、「併しながら申触に泥（なず）み、内実執心これ無きもの迄強いて療治請け候ては宜しからず、是らは遠慮なく治療請くべからず」とした。領民教諭所設立の目的をもって領民教諭を志していた。そこへ領内郡中の村役人たちからの発案が寄せられていた由。そこで1853年（嘉永6年）、陣屋役人の角田米三郎（つのだよねさぶろう）を連れ立って、1851年（嘉永）後月郡簗瀬（やなせ）村で漢学塾・桜渓塾（さくらだにじゅく）を開いて子弟教育に当たっていた阪谷朗盧（さかたにろうろ）を招聘し、「一橋藩江原教諭所」（翌年に「興学館」と改名、これには、以前江戸での恩師の子・古賀茶渓が長崎からの帰途立ち寄って「興譲館」と揮毫（きごう）してくれたものを採用）を設立する。その経営は、一橋家の潤沢な資金を使っての半官半民であった由。実務は、角田に当たらせたらしい。1856年（安政3年）には、西国往還山陽道の後月郡西江原新町筋に街並みを建設する。そのねらいとしては、山陽道宿駅の七日市駅と間宿今市の間をつなぐ。

その並びでは、同1856年に本新町に牛馬市を取り立て、町場の賑わい、活性化を目指す。1857年（安政4年）には、新町、今市、七日市の活性化のため、商人、町家の建て増しを奨励する。また同年、西江原村に産物会所を設けて、領内産物の交易・換金を行い、そのための切手（銀札）も発行するという力の入れようであった。さらに、江原結城縞（えばらゆうきじま）織物の生産し、日本全国への販売に力を入れる（やや詳しくは、岡山県「岡山県の歴史」日本文教出版、1968）。1857年（安政4年）には、七日市と今市の間を流れる芳井川の川止めなどによる交通の不便解消を目的として、日芳橋

(木造)の架橋を行う。

その名前については、「1867年(慶応3年)の宮原木石から阪谷宛の書簡の中には、「佐々木勝蔵　旧名友山勝次」と記されているというのだが、これほどの善き仕事をなした人物にしては暮らしぶりがつまびらかになっていない。ちなみに、江戸に帰ってからは、佐々木勝蔵と名乗っていると伝わる。

ローエンホルスト・ムルデル(1848~1901)は、オランダの生まれ。デルフト工科大学を卒業しては、ハーグ市において設計技師となる。土木関係、その中でも主に運河や下水の掘削に関する設計に従事していたという。1879年(明治12年)の31歳の時には、日本の内務省の土木技師として来日する。そのきっかけは、日本に来た経験のある土木技術者のエッシャーが帰国後、日本政府に新しい技術者を斡旋(あっせん)しようと、同大学のヘンケルト教授に相談すると、ヘンケルトは教え子のムルデルを紹介した。そうして日本で仕事を始めたムルデルだったが、2年後の1881年(明治14年)には、士族授産のための事業との触れ込みにて、政府の依頼で岡山の児島湾が干拓できるかどうかの調査を行う。彼は測量士たちを指導し、「児島湾干拓計画図」を作成する。出来上がった図面によると、ムルデルは児島湾を8つの区に分け、それぞれの干拓の計画を取りまとめ、提出した。その図面とは、綿密な調査の後、地形の妙を正確に写し取っての立案であって、今日でも高く評価される。そうした延長では、調査の中で気が付いたこと、山々の樹木を伐採することにより土砂の流出が増していく、そのことによって洪水を引き起こすことを憂慮した。そこで、伐採の禁止や川の上流における砂防の必要性を説いたもので、環境への配慮の点でも当時としては卓越した考えでの提案(「児島湾開墾復命書」)であった、とされる。

ところが、実際に工事するには、多くのお金が必要となり、なかなか工事が開始されなかった。その後紆余曲折を経ての政府は、大阪の藤田伝三郎に工事を依頼した。伝三郎は自分のお金を出して(明治32年)に工事を開始するのであったが、厚く堆積した泥の海のことである。児島湾は底なしのような海で、堤防の重みで海の中に沈んでしまうため、難工事を強いられる。それでも、大きな石や木の枝などを使うなどして土台をつくり、その上に土や石を積み上げ堤防を築いていく。1941年(昭和16年)までを見ただけでも、藤田組は4つの区、合わせて2970ヘクタールを干拓した。なお、その後中断、1949年(昭和24年)に農林省が引き継ぎ、1963年(昭和38年)に完成させた(同計画にあった4区と8区は計画されたが実施されず)。

ムルデルはその後も政府の依頼を受けて他にも、利根川や常願寺川の改修工事、三角港や宇品港築港などを手掛けていく。その最大の仕事となったのが、利根運河だ。こちらは、利根川、江戸川を結ぶ全長8・5キロメートル(現在野田市、流山市、柏市の3市を流れる)に渡って運河としたものであり、設計と工事監督にはムルデルが当たり、1888年(明治21年)から1890年(明治23年)にかけて出来上がった。総事業費57万年、工事従事者は延べ200万人にも上ったという。そして、その地元では彼の仕事を伝える記念碑のみならず、「ムルデル通り」と呼ばれる通りがあって、市民に往時の活躍の記憶が残されているという。帰国してからは、結婚し、漁港の設計や蒸気鉄道のルート設計などを手掛けていることこと、その頃の彼の脳裏には時折日本での仕事のことを思い出していたのであろうか、偉大な人生だ。

江川三郎八(えがわさぶろうはち、1860～1939)は、建築技師だ。現在の福島県会津若松市の生まれ。会津藩士江川家の三男、幼くして父を亡くし、さらに長兄が戊辰戦争で戦死を遂げる。1873年(明治6年)、13歳にして若松に戻り、大工になろうと棟梁山岸喜右衛門に弟子入りする。1885年(明治18年)に棟梁として独立を果たす。1887年(明治20年)には福島県に採用となり、建築技師となる。1902年(明治35年)には福島県工手となって、営繕の道に入る。そして、この年に岡山県に転任し、岡山県技士として、ここでも実力を発揮していく。職務職階の手始めは宮大工をしていた。1904年(明治37年)の43歳にして土木職の工師(年俸制)となることができたのだが、これに満足せず、国・県の高等官としての技師になりたかった。退職直前の１９１４年（大正3年）になって、その高等官に任命され、その時のうれしさを、「身を願えれば無教育にて、無学文盲の身を以って高等官の列に連り、殊に祖先の家を再興し、幼少よりの志望を全うせるのは豊愉快ならずや」というのだから、さぞかし旨の内がすっきりしたのではないか。

この間に手掛けた建築物は多岐にわたっている。県会議事堂や郡役所、警察署などの官公庁、学校、病院、様式の橋、神社などがあろう。のちになるに従い、政府の欧米に並べの気風もあってか、「擬洋風」なものが増えていくのであって、ここでは今日の岡山県内での建築物に着目して紹介すると、前期の作品の代表例としては、旧遷喬尋常小学校（真庭市）、中央に位置する八角形の遊戯室を備えた旭東尋常高等小学校附属幼稚園園舎（岡山市北区、１９０８）や旧閑谷中学校本館（備前市）、金光教社など宗教関連施設があろう。それらでの特徴としては、「江川（式）建築」ないし「江川式小屋組」と名付けられていて、その主要な要素として「江川式トラス」と言って、一種のトラス構造（「直線部材を滑節で接合して三角形の集合体状に構成した骨組み」：豊田正敏・島村和夫「図説・構造力学入門（3訂版）」２０１１）を取り入れつつ、玄関に飾られた方丈然としたアーチなど独特の意匠（いしょう）でもって広く知られる由（より詳しくは、例えば小西伸彦「江川三郎八と岡山県の江川建築」）。

１９２３年（大正12年）に退職した後も、各方面からの委嘱を受け、仕事を続ける。金光教の本部、天満屋（木造三階建て）、個人住宅の設計も手掛けていく。現存する岡山建築としては21あるとされ、それらのすべてが、それぞれの地元の人々の生活と隣り合わせでいる感があろう。１９２７年（昭和2年）からは、商店や和洋折衷住宅の設計も出かけていく。その頃の建築家の中でも筆まめであって、１９２４年（大正13年）には、自伝「生ひ立ち之の記」を起稿し、１９２９年（昭和4年）にはこれを書き上げる。今日に「日本の歴史的文化的原風景」ないし「その年代の日本人の文化的な雰囲気」を伝える建築所産として、後世につなげていくべき事例に事欠かない、偉大だ。

222『岡山の歴史と岡山人』

岡山人（19～20世紀、藤原啓、山本陶秀）

藤原啓（ふじわらけい、1899～1983）は、備前焼の陶芸家にして、1970年（昭和45年）からは、陶芸部門での、いわゆる「人間国宝」となる。本名は敬二という。現在の備前市穂波に生まれる。実家は、農業を営んでいた。それは中学に入った頃からのことだろうか、文学に傾倒していく。そのうちに作家を希望するにいたったようである。博文館が当時出していた文学雑誌「文学世界」に投稿するなどしていたという。1919年（大正8）に、上京する。1921年には、早稲田大学英文科に入学したものの、翌年中退し文学で暮らしを立てようと、発奮する。以後約15年間、詩や小説の執筆を続けたものの、良い結果が得られなかったようだ。結局、文学への道は開かれないまま迎えた1937年（昭和12年）に帰郷する。折しも38歳になっていたことで、「このままではいけない」と考えたとしても不思議ではあるまい。

一説には、本人は「やることがないので、焼き物でもやるか」となったのが、縁というべきか。とはいえ、「そのうち何となく備前焼をやるようになって」という具合であったのでは毛頭なく、その心境に至るには深い悩みがあったらしく、本人は後年次のように振り返っている由。

「すでに転向（フェビアン協会の活動からの決別の意であろうか・引用者）はしていた私ですが、気持ちはどうも落ち着きません。社会の矛盾や自己の矛盾に気づいて悩みました。結局はそんな精神的に安定しない状態が続くため、私は一種のノイローゼにかかってしまいました。今までは考えてもみなかった備前焼の世界に足を突っ込むことになったのです。（中略）三十年前にめぐりあった備前の土は、私の人生の本当の意味の救世主だったということだけははっきり言えます。」（「歳月の記」）

それからは、三村梅景（みむらばいけい）や、金重陶陽（かなしげとうよう）にも、指導を仰ぐ。そして、郷里に窯を築き、陶工として生きていく。作風としては、鎌倉そして桃山時代までの備前焼茶陶の再興に尽くした。作品は端正で、めりはりの効いた野趣に富むと評される。絵付けや染め付けといった優美な焼き物をつくる誘惑もあったものの、あくまでも伝統の再生を本文と心得たようだ。

ちなみに、文学者が転じての心境を、こううたっている。「一千年、長きにわたり、焼きつづく、備前の里は、陶（すえ）のふるさと、家ごとに、窯を築いて、陶を焼く、備前の里は、今も栄えて」とある。

それ以外にも、作家の井伏鱒二（いぶせますじ）が当地を訪ねた際のやりとりが、軽いタッチで紹介されている。

「窯のなかを覗いてみると、頬が焦げるかと思われるほど空気に熱気を持っていた。猪口（ちょこ）、お預け徳利、水指、皿、鉢、壺などが並んでいた。くっつきを防ぐための稲藁（いねわら）は真白になっていた。その灰を私が指先でひねってみていると（藤原）啓さんが窯のなかを覗きながらいった。「あんたがた、備前焼の見物に来たのなら折角だから閑谷学校の屋根瓦をみたらどうですか。元禄頃に焼いた備前焼の瓦です。あずき色の瓦です」あずき色の瓦なら青空によく調和するだろう」（井伏鱒二「備前町観光記」）。

如何にも、訪問者への丁寧な気遣いが見て取れよう。その実は、子の藤原雄からも「無欲、無我、無心、無垢、そしていつも夢を見つめ、小さな花にさえ会いを感じ、私がその花を不注意で踏んだら怒り、たった一匹のアユを持参して下さった人に何度もお礼を言っている」（藤原雄「この書に寄せて」：撫川新「備前、藤原啓―土と炎に生きる」毎日シリーズ出版編集、1981）と種明かしされてもいる。けだし、備前焼といえば藤原啓のように目され、親しみを込めて言われる、この方面の日本における「名人」とされる栄えある人物なのであろう。

山本陶秀（やまもととうしゅう、1906～1994）も、備前焼の陶芸家である。和気郡伊部町伊部（現在の備前市伊部）に農家の二男として生まれる。本名は、政雄という。やがて、1919年（大正8年）に、伊部尋常高等小学校を卒業する。その頃は、まだ陶芸のことなどは、自分の中で重きをなしていなかったのかも知れない。かと言って、農業は「仕事がきついし、日銭が入らないのは嫌だと思っていた」らしい。その2年後、伊部の窯元、最大手の黄薇堂の見習いとなる。これに至ったのは、「かめもち」（松割り木の束を山から担ぎ下すアルバイト）をしたりしており、その「こころ」の中に相当格の希望が芽生えていたものと推察されよう。さらに2年後には、伊部の窯元、桃渓堂へ移る。

それからは、主に花器、花入れ細工物などを作る。1933年（昭和8年）、27歳にして伊部に開窯して独立を果たす。そのことに要した資金だが、叔父（父の兄）・山本十五郎が講（こう）で工面してくれたという、ちなみにその時「陶秀」の号も定めたらしい。1938年（昭和13年）には、楠部彌弌（くすべやいち、1897～1984、陶技において独自の加飾法を開発したことで有名）の門をたたく。1939年（昭和14年）には、第6回中国四国九県連合工芸展に花入れを出品する。戦時中には、軍需省の仕事をしていたという。こうした中、戦後の1948年（昭和23年）には、国の技術保存認定を受ける。1954年（昭和29年）には、岡山県重要無形文化財作家に指定される。１９５９年（昭和34年）には、ブリュッセル万国博覧会に「緋襷大鉢」を出品する。同年、日本伝統工芸会の正会員となる。それからは、大いなる道が開けていく。１９６０年代からは、西洋、そして朝鮮、東南アジアなどの外国・地域へも古い窯の視察などの旅をして、技に磨きをかけようとしたのであろうか。

その鈍い、赤みを帯びたとっくりとか、茶入、茶碗とかには、なぜだろうか、温かさを感じる。同じ備前焼での、17~18世紀の作者不詳の「緋襷おおざら」（ひだすきおおざら）などにも、連想が広がる。世人の評価としては、色々とあるようだ。まずは、それに、「三羽がらす」（「桃山を復興した兼重陶陽、近代的フォルムを持ち込んだ藤原啓、備前の伝統技術中興の祖」）というのがあろう、そこでは「轆轤（ろくろ）の達人」との異名を持つ、陶秀の由来など、教えてもらいたい。それというのも、そのような巧みな技を駆使して作り出された陶秀作品のスマートさをもって、豪快さ、力強さとは異なる味わいを指摘する批評もあるとのことで、ならば「温雅の陶秀」ということにもなっていく。

写真で拝見したかぎりでは、中でも奥深いものを感じさせるのが茶入ではなかろうか、小さいのにぎっしりと詰まっているだろう茶の旨味なり、じんわりと伝わってくる温かさが使う者の目と手触りを呼び込んで来てくれるのではないだろうか、ならばありがたい。とりわけ「茶入の口造りは柔らかいうちに力があってひときわ面白い。それから口造りの外側から頸（くび）のところにつながる捻（ひね）り返しの部分がじつにうまい」（美術評論家・今泉篤夫）などとも絶さんされている。そういう次第の自然風の造形美のためか、哲学と隣り合わせの感性を携えての批評を試みてのことだろうか、美術評論家の柳生尚志（やぎゅうたかし）は、「桃山備前は、さりげなく作為を強調することに美があるが、陶秀の無心のろくろの巧みさは作為からは生まれない。民芸美論の柳宗悦（やなぎそうえつ）のいう「他力の美」なのである」（柳生尚志「やきもの備前」山陽新聞社、１９９０）と励ましている。

223「岡山の歴史と岡山人」

岡山人（19〜21世紀、池田遙邨、竹本豊重）

池田遙邨（いけだようそん、1895〜1988）は、精神的なものを大事と心得ている日本（文人）画家であろう。一説には、岡山市門田屋敷（両親の当時の居住地）生まれと推察される（本籍地は浅口郡乙島村＝現在の倉敷市玉島）。父は、紡績会社の技師を務めていた。その父の転勤のため、各地を廻って成長していく。そして、何時の頃からだろうか、絵を描くことが好きになっていたものと察せられよう。そのため、1910年（明治43年）に大阪に出て、洋画家・松原三五郎の天彩画塾に入る。それからは、懸命に画業に取り組んでいく。1913年（大正2年）には、福山で水彩画による、初の個展を開く。次いで、翌年の第8回文部省美術展覧会には、「みなとの曇り日」を出品する。1919年（大正8年）になると、竹内栖鳳（たけうちせいほう）画塾「竹杖会」に入る。

1923年（大正12年）9月に発生した関東大震災の時には京都にいて、その日も画業に励んでいたのであったようだが、その報を耳にした直後、何を思ったのか、被災地に行くと決意した模様だ。そして、急ごしらえをして現地に赴き、目の当たりにした光景を400枚からのスケッチに写し取り、翌年に、現在倉敷市立美術館に所蔵されているという「災禍の跡」（24年）として発表する。そこでは、地平線が画面下方に設定されていて、はてしなく破壊されている被災地の姿が描かれている。

そして迎えた1928年（昭和3年）の第一回帝国美術院展覧会（帝展）において、入選を果たす。それからは、画家としての名声が画業についていったようである。1931年（昭和6年）には、57枚からなる「昭和東海道五十三次」が完成する。このシリーズは、かの浮世絵師・歌川広重に影響を受けた遙邨が、ほとんど徒歩による東海道中の写生旅行を行い、スケッチをしたのが下地となっているとのこと。このように、清新な画風になり変わる。戦後になると、さらに画風をリニューアルしていく。伝統や慣習にとらわれないのを理想にしたものと考えられる。

その晩年にさしかかっては、１９８０年（昭和55年）、遙邨から倉敷市に向けて４８９点に及ぶ自作の寄贈があった由。これには、本人の出生当時の本拠地が現在の倉敷市玉島だったことなどが考えられるという。何と、その時にもらい受けた作品をもとに、１９８３年（昭和58年）11月倉敷市立美術館の開館が成った、と説明されている。

竹本豊重（たけもととよしげ、１９３５～一説には２０１７）は、郷土史家である。備中の新見の生まれ。主に研究したのは、その生涯住み続けた地としての新見であって、しかも時代は現代から大きく遡っての中世まで届くという、当時からの新見庄（にいみのしょう）という荘園がたどった歴史を丹念に追い求めていったもの。その間には、地元での公民館長などを務め、地域生活を支えつつも、新見荘（にいみのしょう）などの研究会を引っ張っていくという仕事もこなしていたのだから、驚く。その成果の数々は、学会にも大きな影響を与え、現在も荘園の歴史を研究するに当たっては、その出発点としての地理的状況がどうであったのかを、こう説明している。

「その範囲としては、本人より「中世と変わらぬ地理景観が残り、全荘を完全にカバーする文永8年（１２７１）領家方と、正中2年（１３２５）地頭方の土地台帳が揃（そろ）っているために、荘園の微細な地形までわかる。荘の境は、図の通り、東は国衙領（こくがりょう）との間を流れる高梁（たかはし）川であり、千屋・坂本・井村付近ではほぼ現流路と同じで、西方付近では現流路を越えた東側、おおむね高尾の山際であった。西の境は国衙領との間を流れる西川（高梁川の支流）と上流の高瀬村南側の尾根である。北の境は中国山地の頂上であり、南は大田・牛丸と金谷の間の尾根が境である。当荘は広大で、今の新見市と神郷町にまたがっている。」（竹本豊重「新見荘」：「中国地方の荘園」、「講座日本荘園史9」吉川弘文館、１９９９）。

しかして、その研究生活において明らかにされていった諸々の事実が学会にも届くうちには、先行研究の立役者としても注目を集めていく。例えば、次のようにも語られている。

「こうした関係から京都の東寺には、およそ1200点にものぼる大量の新見荘支配にかかわる文書が現代まで残されました。個々の荘園別に見た関係文書としてはトップクラスの量で、特に鎌倉中・末期の検注帳以下の土地台帳がほとんど揃（そろ）っているのは貴重です。村落や耕地など荘園の復元的研究のためには、この上ない手がかりを与えてくれるからです。そしてまた、現地の新見市にはこの地に生まれ育たれた竹本豊重さんがおられて、荘域内を歩き、古老の教えを受けつつ、小地名を探（さぐ）り、地籍図など現在の土地台帳から明治時代へ、さらに江戸時代の検地帳から当時の状態へと過去にさかのぼってゆく復元研究を実行しておられます。かつての村の生活を体験しておられ、今もその地に生きておられるだけに大変すばらしい成果となっております。」(石井進「中世の荘園と村」：網野善彦他「日本中世史像の再検討」山川出版社、1988)

「竹本氏によって、中世の新見荘の荘官名や百姓名それぞれの耕地や屋敷の分布、あるいは荘内をつらぬくさまざまな道路のあり方は、今着々と明らかにされているが、その成果によると、百姓名は高梁川に流れこむ多くの谷ごとに一つずつ分散し、荘官名は荘内各地の、谷の出口から高梁川までの緩傾斜地一体に広く分布するという、対照的な特色を示す。そして荘園支配の中心となる政所（まんどころ）は、下地中分（したちちゅうぶん、当該の土地を分割し、各々が自分の土地を干渉されることなく支配しようとの仕組み・引用者）後は領家方と地頭方に一つずつおかれたが、その立地もまた対照的であった。すなわち、領家方政所は、今の新見市西方（にしかた）で、為谷川（ためたにかわ）という谷が高梁川に流れこむ辺りの丘の尖端（せんたん）部付近である。今は住宅地が多くなっているが、少し前までは水田のひろがる平地を一望のもとに見わたすとともに、谷の奥にひらける百姓名の水田地帯の出口をおさえるよい場所であった。しかも、哲多郡の郡家と新見とを結ぶ主要な交通路の通過点でもあった。付近の田畠も、文永8年の検注当時は、ほぼ成松名に属していたが、やがてその内部に生まれた清元名などの新しい名に分割され、やがて元弘3年（1333）には清元名がさらに郷司と安清の二つの部分に分けられている。ここに郷司の名が表れることは注目すべきで、新見荘の寄進の主体となった開発領主の新見郷司の遺跡と考えられる。」（石井進「鎌倉武士の実像」平凡社新書、1987）

これらにもあるように、竹本はこの辺りの地理に精通しているからこそ、史料を片手にその領域を先駆的に、かつ綿密に調べ挙げたものと察せられよう。そのことで、日本のそれまでの中世史が塗り替えられるほどの発見をなしていく。こうして信じる道を「死ぬまで勉強」というのは、そんな竹本のような学問に真摯な有様を言うのであろう、偉大だ。

224『岡山の歴史と岡山人』

岡山人（20世紀、大野昭和斎）

大野昭和斎（おおのしょうわさい、1912〜1996）は、木工芸術家である。吉備郡神在町八代（現在の総社市）の生まれ。父は、片岡斎三郎といって指物師（さしものし、当時はそう呼ばれていた）である。本名は、片岡誠喜男（かたおかせきお）という。1920年（大正9年）には、一家で倉敷市西阿知町に移住する。14歳の時には、西阿知尋常高等小学校を卒業する。同時に、幼い頃から父の仕事を見て育ったことから、それまでに心構えができていたのだろうか、その父に師事し、指物（さしもの）や象嵌（ぞうがん、この場合、木材に模様などを刻み込んで、その箇所に金銀その他の異質な材料を埋め込んでいく）などを学んでいく。その父は、かかる芸においては厳しい師匠であったと伝わる。

1935年（昭和10年）には、日本画家の柚木玉邨に「才多し」と見いだされ、のちに「昭和の名工たれ」との意を込めて「昭和斎」の雅号（がごう）をもらい受けたと伝わる。そのことで精進を重ねたのであろうか、１９６５年（昭和40年）には、日本工芸伝統工芸展に初入選を果たす。１９６８年（昭和43年）に、同展覧会長賞の最高賞を得る。さらに、１９７１年（昭和46年）には、同展の監査委員となり、木工芸部門の代表的存在となる。そのうち、文人画家の柚木玉邨に師事し、絵画を習う。それに用いる素材は木材であるから、どんな木を選ぶかが大事だろう。その方面の解説によると、桑を好んだという。他に欅（けやき）、柿、黄楊木、肥松もよく使用したという。目標の形に削るのが大変であろうに、大層器用であったのだろう。特に、指物・象嵌の技術に優れている、との評価を得ている。

作品としては、箱や文机、卓、飾り棚、小箪笥、盛器、香盆、菓子鉢など、多種を手掛けている。それらの制作の過程としては、地元倉敷にある記念館にパネルが掲げられていて、伝統工芸の特有の細やかな指使いの為せる技（わざ）の積み重ねによって、あのえもいわれぬ光沢を放つ作品が完成するのであろう。それらの画像の幾つかを拝見すると、繊細な造りで、艶々してみずみずしい。そんな独自で仕込んだ中でも、杢目沈金（もくめちんきん）といって、杢目（独特の紋様）に金箔（きんぱく）を刷り込む技法を用いており、これだと、申し分のないほど、しっかりとした造形に木調の美しさが際立つという。迎えた１９７４年（昭和49年）には、木創会結成・主催して、後進の指導にも乗り出していく。１９８４年（昭和59年）には、国の重要無形文化財「木工芸」保持者（いわゆる「人間国宝」）に認定される。かくて、物静かな姿勢、それに県内外の木工作家を励まして「木創会」を結成し、後進の指導も怠らない、その内側には熱い闘志が秘められているのではないだろうか、

225『岡山の歴史と岡山人』

岡山人（20世紀、本田文輔、安原真二郎）

本田文輔（ほんだふみすけ、1910～1936）をご存知だろうか、彼は、大学生にして、共産党の活動家である。その後半は、日本が侵略戦争にのめり込んでいく中での、劇的な人生であった。

生まれは、英田郡江見村が原籍なのだが、小学校教師の父親の任地との関係を考えると、断定は難しいようだ（大林秀弥「本田文輔のこと」）。1927年（昭和2年）には、第一岡山中学校を卒業し、第六高等学校の理科甲類に入学する。そこを1930年（昭和5年）に卒業後は、京都帝国大学の文学部哲学科へとすすむ。と、ここまでは当時の若者の中では、相当に恵まれた境遇であったのであろう。それに、秀才ということでも地方での誉れが高かったようだ。

そんな本田が、学生生活2学年を迎える頃には、マルクス的立場から、社会問題に大きく立ち入るまでになっていた。なお、マルクスをどれだけ読んでいたのかは、わからない。それというのも、1932年（昭和7年）9月7日には、内務省管轄の特別高等警察（特高）に検挙される。はたして、当時の世相はといえば、「きな臭さ」を増しつつあった。何らかの政治活動が理由なのであろうか、もしくは、そのような「危険」思想を抱いているか、国策に反対する政党に関係しているのではないか、などでの嫌疑がかかっては、簡単に連行される時代であった。ましてや本田は、もういっぱしの活動家（日本共産同盟京都市委員会委員長）となっていたのだから、仲間とともにこの日一斉検挙に連座して逮捕される。

そのまま12月には、治安維持法により起訴される。さしあたりの量刑は、「懲役六年又は七年」（大林、前掲書）であったという。それから数年だった1936年（昭和11年）5月8日（推定）には、彼の岡山刑務所内での死亡が伝えられている。そのことから、「非転向」のため、たんなる刑務所暮らしではなくて、拷問をふくむ尋問が続いていたのであろう。この点につき、刑務所の記録は、刑務所内での「自殺」とされているようなのだが、この時期での他の例と同様に信用するに足らない。

安原真二郎（やすはらしんじろう、1911～1980）は、実業家であるとともに、社会事業家である。1948年（昭和23年）には、広島県御調（みつぎ）郡（現在の尾道市御調町）の生まれ。広島県立府中中学校（現在の府中高等学校）に入るが、中退する。それからは実業に入って、家業の呉服店を営んでいたのを、戦後の1968年（昭和43年）に岡山市にて大紀産業株式会社を立ち上げる。数ある農機具、同物品の製造販売の中でも、1949年（昭和24年）には、日本専売公社の指定を受け、葉たばこ乾燥機を開発・販売したのが、広島県のたばこ栽培の産地を背景に、また市場とうまくマッチしたことによりヒット商品になる。かかる技術を応用して、広く食品乾燥機を手掛けていく。その間、郷里で私費により敬老会を助成などしていく。1959年（昭和34年）には、富士倉庫株式会社を設立し、代表取締役に就任する。そして、この頃から古美術品に関心をもったようだ。彫刻家・円鍔勝三（えんつばかつぞう）の知遇を受けては、彼の作品を地元役場に寄贈するなど、社会事業家の性格をも色濃くしていく。

1965年（昭和40年）には、岡山学院を設立する。翌年には学校法人とし、岡山学園理事長に就任する。1969年（昭和44年）に岡山市で開催された「メソポタミア展」を観覧して、いたく感動、これを機縁としてオリエントの美術品に強くひかれた模様だ。歴史学者の江上波夫と深井晋司の知遇を受けては、両人の指導を受けてオリエントの古美術品の収集を、同学院の事業として進めていく。特段、数字にわたり現地に赴いて、進取の精神を持って古美術品の収集にまい進する。迎えた1968年（昭和43年）以後、東京、名古屋、大阪などで収集品の展示を行う。また、岡山市の文化財専門委員会委員を委嘱される。そのうちには、自ら美術館の設立を志したと伝わる。1973年（昭和48年）には、公的施設で自らの収集品を一括展示、活用してもらうのが最良の道であると考えたようだ、約2000点のオリエント美術品を岡山市に寄贈する。迎えた1979年（昭和

54年）、それらの美術品を中核とした全国的にも珍しい岡山市立オリエント美術館（岡山市天神町）の開催にこぎつける。

主な収蔵品としては、その後の多様な人々による寄贈とも合わさっていく。これは、東京にあるオリエント美術館や中近東文化センターと比べても引けを取るまい。21世紀に入っての現在、同美術館の活動は、ユニークさで知られ、同収集品の展示のみならず、他の関連機関との共同で取り組む企画も展開されているのは、安原の「オリエント研究にやくだててほしい」との志と合致し、喜ばしい。最近の例では、2023年秋に「大航海時代へ－マルコポーロがひらいた世界」が天理図書館との共同で開催され、その中では、かの「東方見聞録」などと共にオリエントの文物がどのように東洋へ伝わって来たかについても、想いを馳せるものとなっている。

226「岡山の歴史と岡山人」

岡山人（20世紀、有元利夫）

有元利夫（ありもととしお、1946～1985）は、今や日本の代表的な画家の一人とされる。両親をはじめ一家が疎開していた津山市小田中（おだなか）の生まれ。男ばかりの4人兄弟の末っ子だという。その僅か3ヶ月後、一家は戦前の住まいがあった東京都台東区谷中へと戻る。以前は、貸家業を営んでいたという。戦災でその殆どが焼失してしまい、彼の父は文具店を始める。上野と隣り合わせの谷中に住む。そこで、一日の大概を過ごし、西洋美術館にも通っていたという。

1959年（昭和34年）に台東区立上野中学校に入学する。その後、1962年（昭和37年）には私立駒込高等学校に入学、それからは絵画を積極的に学んでいく。1965年（昭和40年）に同校を卒業する。そんな折から、東京芸術大学へ入ろうと、四浪し、5度目の挑戦でようやくデザイン科に入学を果たす。3年生になる直前の春休み、1971年（昭和46年）には、一か月近くヨーロッパ旅行を敢行する。フレスコ絵に出会う。仏画との繋がり、岩絵の具、箔（はく）の使用を考えたのだという。

帰国してからは、独自の道を歩んでいく。1972年（昭和47年）の卒業制作が、大学買い上げとなる。1976年（昭和51年）に独立してからは、絵画に限らず、素描、版画、木や鉄などにも、必要に応じてさまざまな作品を構築していく。そこには、まるで周囲に多様な空間を幾つも持っているかのような、いうなれば、四隅を開口し、自由自在にそれらの境を踏み越えることが常であるかのような、さらに、ヨーロッパの中世の出で立ち、顔の輪郭にも、表情にも「ふんわか」「のびのび」、さらには「ゆったり」したものが感じられて、なんだか嬉しい。油が乗り切ってからの代表作としてよく引き合いに出されるのは、「重奏」（1975）や「誕生」（1977）、それに「花火のある部屋」（1979）辺りであろうか、遥かなる時空に浮かび、出現しての人間がホヤホヤした軽さなり、風化した肌合いをもって描かれている。それらの舞台は現実のものというよりは、ある種のファンタジー、それを音楽とともに紹介しているかのよう、ならば、はるか昔に語られた物語の一コマを表そうとしているのだろうか、なかなかに心地よい。

２２７『岡山の歴史と岡山人』

岡山人（19～20世紀、長野士郎、小田安正）

長野士郎（ながのしろう、１９１７～２００６）は、官僚そして政治家、さらには行政法学の大家でもある。総社市の生まれ。１９４１年（昭和16年）に東京大学法学部を卒業すると、徴兵とはならずに１９４２年（昭和17年）に内務省に入る。戦後は、選挙、行政、財政の各局長を経ていく、典型的な内務省官僚なのだが、１９７１年（昭和46年）には、自治官僚の最終コースと目される事務次官に就任する。その体験に基づいた学識も豊かで、地方自治法関連の学者としても広く知られる。

そして、転機はやってきた。そんな長野に、社公民路線を提唱する社会党右派の江田三郎（えださぶろう、岡山選挙区）からの話があった、何と、その江田の勧めで１９７２年（昭和47年）に岡山知事選に立候補する。自民党べッタリの保守勢力に対抗する名目ながら、革新勢力というのでもない。それでも県民本位、住民参加の県政を唱え、めでたく当選する。１９９６年までの6期24年間を務める。知事現役時代の主な取組みとしては、瀬戸大橋の架橋や岡山空港の開港、また岡山県立大学の創立、岡山自動車道の開通などで指導力を発揮したのは、流石だ。そして、この国が低成長期に移ってからの、県政の舵取りに彼なりに努めたであろう。それらは、かなりの程度長野の功績とみなしてよいだろう。さらに、１９９５年には全国知事会会長にもなって、官僚時代からの幅広い人脈はそこでも健在であったようである。

やがて、知事を退任すると、それまでの県政の負の側面も浮き彫りになっていく。というのも、知事就任後岡山県議会における初の所信表明（１９７２）において「私は、今後の県政の基本的な方向であり、指針といたしますものは、人間尊重であり福祉優先でなければならないと存じます」（長野士郎著・「岡山県政回顧」刊行会編「岡山県政回顧」山陽新聞社、２０１４）としていたのが、それからの有象無象（うぞうむぞう）の進化の過程では、かなりの積極財政論者、しかも吉備高原都市や苫田（とまた）ダムの建設といった、当時の日本経済の方向性（低成長など）に鑑みて問題の多い大規模公共事業にのめり込んでいったのは、なぜなのだろうか。その退任直後の１９９６年度の岡山県の起債制限比率は15・5％にて、47都道府県中最下位となっていた。１９９３年度末に５６２億円あった財政調整基金も４分の１以下に減少するなど、一説には、「破綻寸前の危機的な財政状況であった」とも伝わる。

とはいえ、現役時代のある写真を改めて眺めてみると、うっすらと笑顔を見せて、親しみの湧きそうな雰囲気を醸（かも）し出しているではないか。そういえば、かつて筆者が21世紀になっての高梁を訪ねた際の駅近くの公園にて、同市出身のキリスト教の流れを汲む社会福祉事業家（郷土の偉人）たちを顕彰する案内板に彼の名が載っているのを見つけた。その彼らの業績を讃えた短い文を読ませてもらい、なにやら嬉しくなったことを今思い出している。その晩年においては、故郷・総社市の名誉市民にも刻されてあって、かつてこの市の南溝手で生まれ、幼少年期を過ごしたことを思い出すことも、少なからずあったのではないだろうか。

小田安正（おだやすまさ、１８４４～１９０８）は、政治家だ。備前藩士の家の生まれ。長じては岡山県の高級官吏となり、やがて第３、４代の岡山市長を務めた。１８９０年（明治23年）、岡山市はイギリス人技師バルトンに水道工事の設計を依頼したものの、工事の予算額は陶管利用の低圧仕様で12万円、鉄管を利用する高圧仕様で27万円であって、１８９１年（明治24年）の岡山市の予算額が２万５千円とあって、頓挫してしまう。ところが、１８９５年（明治28年）頃からまたもやコレラが流行し、急務となる。小田は、第二次の水道敷設計画を訴える。広島市の吉村長策技師を招く。調査と設計を依頼する。予算の見積もりは大幅超過であったが、借金をしてでも実行しようということにて、用地買収、材料の購入など進めていた。しかしこれも、公債の募集・発行に至って世論が頓挫してしまう。反対派は手景気の折から工事は急ぐべきでないとした。

ところが、１９０２年（明治35年）にコレラが流行し水道断行の方が優勢となり、内務省もその方向性を示したことから、延期派議員もようやく折れ、予算の減額修正、そして市長の辞職を条件として、同年5月の議会でやっと水道敷設が通る。

翌年には、小田の後を継いだ岡田巌市長の下で工事に着手。岡山市の上水道は、民生用としては全国でも7番目の早さであったから、相当なものだ。しかし、日露戦争が勃発。工事材料絵の入手の難航、労力不足もあって、しかし、なんとか頑張って１９０５年（明治38年）4月に完成した。

なお、三野浄水場（現在の岡山市北区）はその時建設され、旭川の水を第一取水場から取り込み、浄水場で濾過（ろか）した水を半田山（はんだやま）山腹の配水地に設置された配水池にポンプで送り、そこから市内に供給するもの。現在は、赤煉瓦の建物が水道記念館として一般開放されており、その中には旧ボイラー室・送水ポンプ室が含まれる。玄関上の看板には、「坎徳無窮（かんとくむきゅう）」の文字が掲げられていて、水の徳は永遠に続くという意味らしい。操業当時の普通沈殿池と緩速濾過池（かんそくろかち）2基は現役だとされ、かくて創設から１００年以上経った今も岡山市内に水道水を送り続けているとのこと。

228『岡山の歴史と岡山人』

岡山人(19〜20世紀、柚木玉邨、柚木久太)

柚木玉邨(ゆのきぎょくそん、1865〜1943)は、画家としてのみならず、学者、実業家でもある。備中・浅口郡玉島村(現在の倉敷市玉島)の生まれ。名は方啓という。家は松山藩の吟味役を務める旧家、柚木正兵衛の子で、のちに柚木玉洲の養子となる。幼少の頃から、儒学を松田呑舟、信原藤陰、鎌田玄渓、鎌田平山に、詩を森春濤、三島中洲、高野竹隠らに、書を日下部鳴鶴に学んだというから、なかなかに古風然とした雰囲気に包まれての、地元ならではの英才教育の類だろうか。1890年(明治23年)に東京農林学校(現在の東京大学農学部)を卒業すると、「第八六国立銀行取締役などを務め、岡山県農業会の幹事兼技師としても働いた」、とりわけ「農政の新知識として産業方面に残した功績は少なくない」とも評される、異色の仕事分野を掛け持ちしたとの話であって、興味深い。

それでは、画業や書の方は誰にどうやって学んで、その道に入ったのだろうか。こちら方面では、どうやら、病気のため実業界を退いた40歳位から本格的に学んだらしく、画を当時玉島に来ていた清の胡鉄梅について南画を学び、また中国に渡り宋元の絵画を研究したというから、やはり本人としてはこちらが一番なのであったろうか。そして詩や書は、幼い頃からの勉学がものを言ったのかも知れない。1927年(昭和2年)に日本書道振興会展に出品した「蕙蘭草蘭図」は日東賞第一席を得、それからは泰東書道院審査員、平安書道会審査員、合同新聞社(山陽新聞社の前身)から文化賞(1941)を受け、その裏では「実は、玉邨は左利きであったのですが、本当の線を表現したいと右利きに修行し直した」ともあって、そうであるなら驚きだ。なお、文の方もよくしていたとされ、主著に「玉邨畫話」「品茶譜」などがあるという。

さらに、追録として記念碑なりで残っている文もあり、例えば圓通寺の良寛100年忌に寄せた漢文調の「略伝」

（向かって右が良寛（りょうかん）の書、左が柚木方啓（玉邨）謹書の体裁1930）、「坂田待園先生追慕の碑」（撰・書・題硯は柚木方啓（玉邨）、1939、ちなみに、坂田は1881年（明治14年）、近隣の沙美（さみ）の浜に日本最初の海水浴場開設した玉島の医者）などがあろう。そういう次第にて、全体の流れとしては、「詩・書・画」が揃ってこそ真の文人画家であると自らが述べていたのが真骨頂であったろう、「最後の文人画家」とも称されているのは、かり富岡鉄舟などと人生観、芸術観が似ている。そのたたずまいを晩年の写真で拝見するうちには、淡白な中でも教養がにじみ出でいる様子にて、本人が書「寧静致遠」（かの諸葛亮の「澹泊明志、寧静致遠（「寧静な心でないと、遠くには至れない」例えだろうか）」からの引用と察せられている）をしたためた中からも彷彿とこちらに伝わってくる、かくて行住坐臥において自由自在な心持を目指していたのであろうか、味わううちには羨ましくもある。

柚木久太（ゆのきひさた、1885~1970）は、洋画家である。写山人と号す。浅口郡玉島村（現在の倉敷市玉島）で生まれる。父は玉邨（ぎょくそん）と号す南画家である。そもそも柚木家は、それまで何代にも渡る資産家であって、柚木玉邨（ゆのきぎょくそん）は明治維新後に第八十六銀行頭取を務めるなどしていた。幼い頃から、父の薫陶もあり、絵の手解きを受けていたのではないだろうか。県立岡山中学校（現在の朝日高校）に入る。卒業すると、1906年（明治39年）には、満谷国四郎（みつたにくにしろう）の門に入る。かねてから、総社（そうじゃ）出身の満谷に憧れていたと伝わる。その翌年から太平洋画会研究所に属し、満谷や中村不折の指導を受け、精進を重ねていく。その一方では、東京美術学校の聴講生となって、画家を目指して勉強する。

1911年（明治44年）に開催の第5回文展に出品した「鞆津（ともつ）の朝」が入選する。同年フランスに留学、アカデミイ・ジュリアンでジャン・ポール・ローランスに学ぶ。1915年（大正4年）には、帰国する。以後、文展や帝展に出品を続ける。そして1928年（昭和3年）には、帝展審査員となる。戦争中の空襲により、東京・田無のアトリエが焼け、かなりの作品を失ったというから、その時はさぞかし辛かったのではないと察せられる。

戦後になっては、玉島に帰って画業を続けていく。1954年（昭和29年）には、第10回日展に「朝暾（ちょうとん）」を出品する。この作品は、九州の錦江湾に浮かぶ、朝陽を受けての桜島を描いたもので、久太の代表作の一つとされる。眺めてみると、海と島の境目を画面の中央に配置している。そして、手前に鹿児島の市街地が見えるという構図となっている。それと、青を基調でもってかかる台形の島が横たわり、その中腹辺りにたなびく雲も配置してある。しらじらと夜が明けてくるのを写し取ったものなのだろう。それから10年近く経っての「湖雲一帯」（1963）だが、こちらの作品でも明るく穏やかな色彩が認められ、したがって、雄大な自然に流れる時間を感じさせる。

この間、1955年（昭和30年）には、和田三造らの仲間と「新世紀美術協会」を創設して、後進の指導に当たる。美術界ということでは、1964年（昭和39年）には日展の評議員、最晩年の1970年（昭和45年）には同参与となって、最晩年に至るまで後進の指導にも力を注いだとされる。そして、本人は、父の玉邨、そして息子の祥吉郎（しょうきちろう、人物のいる清涼かつ幻想的な風景画をよくした）と合わせての柚木三代の要として、21世紀現代となっても、方々の美術愛好家から親しみを込めて語られ続けているとのこと。

２２９『岡山の歴史と岡山人』

岡山人（20世紀、佐藤清明）

佐藤清明（さとうきよあき、１９０５〜１９９８）は、博物学者である。浅口郡の里庄村（現在の里庄町）の生まれ。佐藤亀三郎・ヤスエの長男にして、その愛にはぐくまれ、自然にも親しんで幼年期を過ごしていたものと察せられよう。そして少年時代には、金光中学校（現在の金光学園高校）に入り、１９６３年（昭和38年）に卒業後は、はやくも植物・動物学者への道を歩んでいく。第六高等学校の助手を務めながら、教育免許を取得したという。１９２５年（大正14年）には、福岡県小倉小学校の理科教師に就任するも、結核を患い、帰京を余儀なくされる。養生した甲斐あって、何とか回復したようだ。迎えた１９３１年（昭和6年）からは、清心女学校・清心高等女学校にて理科や生物を教える。

その間にも、植物学を中心に調査・研究に励み、牧野富太郎（まきのとみたろう）、南方熊楠（みなかたくまなす）らとも親交があった。特に、牧野からは色々教えてもらう間柄であったらしい。

そしての戦後、佐藤は、実に１９８７年（昭和62年）に至るまでの約56年間を同校で教え続ける。この間、同校「紀要」などに論文を相次いで発表していく。いわく、「伯耆大山の昆虫相」（１９６８）や「岡山に自生する固有植物」（１９６９）、「岡山県における固有動物」（１９７１）など、並々ならぬ努力であったようだ。その後は、清心女子大学講師、岡山女子短期大学、岡山大学の薬学部・農学部・医学部などの講師を務めるのだが、教育関係の仕事の傍らで、多方面の研究に精出したようだ。植物学の他、動物学、民俗学、方言などにも頭を突っ込んでいく。珍しいところでは、日本ではじめての妖怪を研究して、１９３５年（昭和10年）にその成果を事典「現行全国妖怪辞典」として出版する。その中で、３４の県と地域から都合３６０件の妖怪（ようかい）を紹介しているというから、驚きだ。

没後の21世紀に入っては、新たな事実が判明したという。米スタンフォード大のヒューバート・スケンク博士との間に交流があった。そのことを踏まえての特別陳列が、佐藤清明資料保存会と里庄町立図書館、同博物館の共同で企画されるとのこと。備前地域の貝の標本を送ってほしいというスケンク博士からの手紙に応じた佐藤は、彼から返礼品として米西海岸の貝の標本の寄贈を受けた、それらが陳列されるとのこと。そして、佐藤の植物標本は倉敷市立自然史博物館で、蔵書などは佐藤信明資料保存会でそれぞれ管理されているとのことであり、かかる多方面での資料としては南方熊楠とも多分に通じるものがあるのではないか。さらには、佐藤が接ぎ木したキクザクラは故郷の里庄町に植わっていたことから、かの岡山大空襲で六高のものが灰燼に帰した後も命脈を保ち、また六高記念館（現在の岡山大学農学部前）に植えられたキクザクラも本人が自宅に保存していた種が元になって現在に至っているとのことで、この辺りにも岡山への並々ならぬ心遣いが感じられよう。

230『岡山の歴史と岡山人』

岡山人（20～21世紀、上野耐之、槇村浩）

上野耐之（うえのたいし、1901～2001）は、クリスチャンの声楽家、作曲家である。持ち前のテノール、そして端正な顔立ちでファンが多く、現代においても有名な歌手の一人である。後月（しつき）郡高屋村（現在の井原市高屋町）の生まれ。母は、地元のキリスト教会で讃美歌を歌う名手とされる。そのおかげであったろうか、本人は幼い頃から、音楽家になろうとしていたのかも知れない。興譲館中学校を卒業後は、音楽を学ぼうと上京する。上野の東京音校乙師科に入学し、優秀な成績にての1922年（大正11年）には同校卒業し、持ち前の美声でもって、プロの歌手へと進んでいく。果たして、時代は大正から昭和への激動期にさし掛かりつつあった、殊に世界大恐慌のあおりで日本のクラシック界も上演数が減るなどをあって、声楽部門においても厳しい環境だったのではないだろうか。

ところで、この上野の名前を伝えているものに、「中国地方の子守唄」と流布されている民謡風の歌があろう。その歌詞は、以下の通りとなっている。

「(一) ねんねこ／しゃっしゃりませ／寝た子の／かわいさ／起きて泣く子の／ねんころろ／つらにくさ／ねんころろん　ねんころろん、(二) ねんねこ／しゃっしゃりませ／きょうは／二十五日さ／あすは／この子の／宮詣り／ねんころろん／ねんころろん、(三) ねんころろ／宮へ／詣った時／なんと言うて／拝むさ／一生／この子の／ねんころろん／まめなように／ねんころろん／ねんころろん」

これの原曲は、「ねんねん守の歌」といって、矢掛から井原にかけての旧山陽道周辺にて、一説には、江戸時代から土地の人々によって歌い継がれていたもの。彼の母・今らが讃美歌風に歌っていた子守唄を改めて世に出すのに貢献したのが上野であったとも伝わる。本人としては、声楽家になることを目指し上京していたのだが、一説によると、１９２８年（昭和3年）のある日、後に恩師となる作曲家の山田耕作に、幼い頃母よりずっと聞かされていた子守唄を披露したという。おそらくは、私の故郷にこんな子守唄がある、今や消えかかっています、ということだったのでないか。これを聞いた山田は大層喜んで、その場で五線紙に採譜し、とてもいいメロディーだから伴奏をつけて、歌曲にしてみようということになった。同年の4月には、この編曲が成って「中国地方の子守唄」として発表した。広く歌われるようになったのは、やはり、この山田の力によるところが大きかったのだろう。この子守唄は、後にテノール歌手となった上野がクリスチャンであったため賛美歌風になっていることから、現在も地元の「元歌保存会」によって歌い継がれているという。

その後については、成城学園（小学校）の教師、イタリア留学を経て、レコード会社との専属契約のテノール歌手・作曲家、「満州国」（日本の傀儡（かいらい）国家）の新京音楽院、東京音楽院の教師として多年にわたり活躍し、晩年は大阪に住んだという。かくて、「一筋の道はここにあり」ということであったろう、クラシック界にこの郷土・岡山から最初の頃に育ち、雄飛して行った愛すべき岡山人に他ならない。

槇村浩（まきむらこう、１９１２〜１９３８）は、詩人だ。本名は吉田豊道という。高知の生まれ。１９３０年（昭和5年）には、岡山の私立関西（かんぜい）中学校に転校してくる。それまでは地元の小学校の頃から文学少年（詩作なども）であったという。しかも、他に地理・歴史にも明るく、10歳の時には来高の皇族に「アレクサンダー大王についての御前講義をした」とも伝わる。その後に高知の海難中学校に進学していたのだが、どうやら軍事教練に反対したことから転校を命じられたという。それからの日々は、多感で天才肌の吉田にとって、同校校長の佐藤富三郎が主宰するの時事評論の雑誌「ミカド評論」や朝鮮人留学生との交流とかいろいろな学習の場があったらしく、大いに新知識を得ていく。一説には、その中にはマルクシズムに関するものもあったやに言われるが、はっきりしない。少なくとも、リベラルな学風の中で、本人にとっても目と耳が見開かれた時であったのではなかろうか。

それからは、持ち前の詩心をもって世間を風刺、あるいはもっと積極的に関わっていこうとする流れであったと推察されよう。１９３１年（昭和6年）に同校を卒業すると、9月18日には満州事変が勃発する。そこで初めて、「槇村浩」のペンネームを用いて満州駐屯軍平卒に捧げる歌「生ける銃架」を書き、反戦を訴える行動に出る。次には、長編詩に装いを改めての「間島パルチザンの歌」を発表し、これが全国的なセンセーションを巻き起こした。こうなると、内務省傘下の特別高等警察（特高）も乗り出して動向を注視するようになっていく。翌年の4月21日には高知の自宅で検挙され、厳しい取り調べを受け、一説には拷問にかけられたという。しかし、本人の意思は固く、結局、未決一年の後治安維持法違反として、懲役3年を言い渡される。仕方なく刑期を終えて出所した槇村なのだが、獄中で精神が不安定となり、しかもそれよる苦しみをおして「バイロン・ハイネ」「アジアチッシェ・イデオロギー」「日本詩歌史」などの論文を取りまとめたものの、出版には至らなかったという。

数か月の間にそれだけの創作を困難な状況下でしたのだから、それが体に影響しないはずはなかろう、日本が日中戦争にのめりこんでいく中での1938年（昭和13年）、土佐脳病院での病状はなおも進んで「時はわれらに辛かりき」の言葉を残してついに亡くなったという。なお、「日本詩歌史」が世に出たのは、それから60年後の1995年のことであって、それまでの世間ではほぼ無名な詩人で通っていたのかも知れぬ、有り余るその才能が花開くにはあまりにも厳しい時代に力が尽きても、なお光彩を失わなかったからこその有意な展開としてあるのだろう、偉大だ。

231『岡山の歴史と岡山人』

岡山人（20世紀、金重素山）

金重素山（かねしげそざん、1909～1995）は、備前焼の陶芸家である。和気郡伊部村（現在の備前市伊部）、「備前六姓」（その出所としては、室町時代後期にこの辺りにおいて3つの大窯（南・北・西）の共同経営を営んだ陶家のことで、具体的には金重・森・木村・大饗・寺見・頓宮の六姓を指す）の一つ、金重家の流れをくむ備前焼窯元の金重楳陽（かねしげばいよう）の三男として生まれる。1927年（昭和2年）、兄の金重陶陽の助手として窯詰窯焚をつとめる。陶芸家を目指すには、類い稀な良い環境であったろう。

そんな素山の元に、1941年（昭和16年）には、招集礼状が届く。無事に内地に戻っての戦後の1951年（昭和26年）には、陶陽窯を離れ、かねてから信仰していた大本教（おおもときょう）との関係にて、その本部亀岡（京都府亀岡市）内に「花明山窯」を築き、三代教主・出口直日の指導及び助手を務める。顧みるに、この宗派は、唯一先の戦争に反対を貫く。その教主の出口王仁三郎は、「この戦争は負ける」と見抜いていた。その花明山窯を月に2～3回程度の頻度で訪れる石黒宗麿から釉薬の調合法を学ぶ。１９５９年（昭和34年）には、今度は大本教本部綾部の「鶴山窯」を築いて、これまた無報酬で色々と立ち働く。それは、熱烈なる宗教心と陶芸への直向きな研究心との結合が成せる技であったのだろう。ところが、窯へのこだわりの続きはまだあって、１９６４年（昭和39年）には、帰郷して、岡山市円山に登窯を築く。

１９６６年（昭和41年）には、電気窯による独自の緋襷焼成（ひだすきしょうせい）を完成させる。これにて、潤い豊かな緋襷焼成への執念がみのった形だ。その翌年になると、大本教梅松館工房開きに際し、石黒宗麿や兄の金重陶陽らと作陶を行う。１９８７年（昭和62年）には、さらなる展開ということであったろうか、伊部に「牛神下窯」の窯を設ける。その翌年には、岡山県指定重要無形文化財保持者に認定される。それからは、もう円熟の境地で作陶していたのではなかったか。しばらくしての１９９０年には、伝統文化保存振興貢献により、文化庁長官賞を受賞、これは伝統文化保存振興貢献によるとされる。１９９１年には、岡山県文化賞をもらう。１９９４年には、三木記念賞を受賞する。さらに、１９９５年には、備前市功労賞を受ける。

その作品の数々には、独特の風味といおうか、どっしりした存在感に圧倒される。例えば、「日経アート」（インターネット配信、２０１９秋）で円柱型の湯呑みであろうか、無名で紹介されており、側面を拡大して拝観できるのはありがたい。威風堂々たる体。見えている面は、思いの外「ざらざら」というよりは「ヌメヌメ」とした光沢を放つ太めの溝が彫られているところか、手に取っての感触はどんなであろうか。人生において、一椀位は、かような器を身近にしておきたいものだ。

そんな悠然たる作風の作家にして、座右の如く、常々口にしていたのは、「作品は子供じゃ。生まれ変わっても焼き物をやる」であったという。何という無垢のものへの憧れ、そして気取らない、真っ直ぐな修行者の如し、かくて絶妙の人間像をここに垣間見ることができよう。

２３２『岡山の歴史と岡山人』

岡山人（19～20世紀、東原方僊、山上武雄、中原健治）

東原方僊（ひがしはらほうせん、１８８６～１９７２）は、日本画家である。邑久郡長船町福岡（現在の瀬戸内市長船町福岡）の出身だ。本名は、直太という。早くから絵に馴染んだらしい。小学校を卒業後、吉備津・吉備津彦神社の御用絵師・黒住義方に師事する。どうやら、その頃には画業で身を立てる決意をしていたようだ。１９０９年（明治42年）には、京都に行く。そして、当地の画壇の巨匠・竹内栖鳳（たけうちせいほう）に入門して、画技を磨く。１９１５年（大正4年）の第9回文展において、二曲一双の「花林檎（はなりんご）」で初入選する。以来、意欲的に帝展、文展、新文展といった官展を始め色んな場に出品を重ねていく。

やがての11回帝展では推薦扱いとなり、翌12回からは、「無鑑査」にて出品できることになったという。ちなみに、帝展関係では「鶏冠夜」(12回)、「白椿」(13回)、「清秋」(14回)を、また文展では「鶏冠花」(1918)をそれぞれ出品して、花鳥画の新境地を切り開いていったようである。そればかりか、海外の展覧会にも積極的に出展していく。あわせて、京都在住の小野竹喬(おのちくきょう)や池田遙邨(いけだようさん)ら岡山出身の賀が画家「烏城会(うじょうかい)」を結成する。同じ竹内栖鳳門下ということから、会合すれば話に華が咲いたのではないだろうか。

その作風としては、自然へのこだわりということでは大型でない動物や植物、とりわけ花鳥画を得意とする。花と鳥の組み合わせも多い。そんな中でも、「雀の図」には、かなりの数の雀が散らばる。それは、どこにでも見られる、いわばありきたりな光景であるはずなのに、眺めていると、なぜか落ち着く。それというのも、彼らは、只今を夢中に生きているだけなのかも知れないが、生きることの大切さ、切なさを私たちに教えてくれているのではあるまいか。

山上武雄(やまがみたけお、1881~1943)は、戦前の農民運動の指導者の一人だ。上道郡雄神村久保(現在の岡山市久保)の生まれ。自作農の家に生まれ、閑谷学校を卒業してからは、税務署や村役場に勤務。やがて農業多収穫の研究に打ち込み、県知事賞を受けるほどの精励ぶりであったが、1922年(大正11年)に転機が訪れた。上道郡西大寺町(現在の岡山市東区)で開かれた講演会にて、クリスチャンの賀川豊彦の話を聞いて、感動を覚えたという。なぜ、これに参加したかは不明ながらも、小作料低減の運動に関心をもっていたところへ、鮮烈な語り口に自分のやるべきことを見つけた感であったのであろうか、以後、農民運動に打ち込んでいく。

同年の日本農民組合(日農)の創立と同時に参加し、日農の理事に就任した。その年故郷で日農邑久上道連合会の結成に加わり、会長となる。この大会で発せられたのが、「小作料永年3割減」の要求であって、山上らが小作農家の収支調査の中から割り出したものであった。それだけに、日農全体の対地主の要求ともなっていく。この方針により、農民運動は理論的な裏付けを得た形ともなり、岡山県下においても、さしあたり「三大争議」（興除村、藤田村、石生・豊田村）への影響が見て取れよう。1924年（大正13年）には日農岡山県連合会が発足し、山上は会長となる（喜美江夫人は婦人部委員長に）。さらに、1927年（昭和2年）には、山上は全国委員長となる。

それからの山上は、政治活動の面でも活躍していく。要求貫徹のためには、政治運動が必要だと考えた。1926年（昭和元年）に労農農民党の結成に加わり、同党が解散すると、日本大衆党、全国労農大衆党（それぞれ中央委員）に場を広げていく。1929年（昭和4年）には雄神村会議員に当選している。その後も岡山県会議員に立候補するなど地元での活動に怠りなく、1936年（昭和11年）には、黒田寿男を無産党から衆議院議員に当選させるため、中心となっていた。ところが、翌年の人民戦線事件では黒田らとともに検挙され、懲役3年の刑に服役を余儀なくされる。当時は、軍部の台頭からファシズムがさし迫っている暗黒の時代であった。獄中で過ごすこと約3年に手、中風（ちゅうぶ）に罹病したため執行停止となり、出獄して自宅で静養したものの回復しなかった。すべからく人民大衆の立場にての疾風怒濤の感のある半生であった、そのことで「農民の父」とか「特権階級政治の掃除人」とも呼ばれ、そのクリスチャンとしての高潔な人柄をも含め今なお語り草となっている、偉大な人生だ。

中原健治（なかはらけんじ、1896～1978）は、戦前からの労働運動を経て政治家だ。浅口郡玉島町上成（現在の倉敷市玉島）の生まれ。小学校を卒業すると、丁稚（でっち）奉公などをした後、1918年（大正7年）には勉学するために上京、巡査として勤めながら、夜学に通って学ぶ。その頃に、河上肇（かわかみはじめ）が勤務先館内に住んでいることを知り、訪問して話を聞くうちに左翼思想に傾くようになっていったらしい（ちなみに、筆者もその大著を少しめくって読んだことがあり、随分と誠意のある、正直な物言いをする経済学者の印象を覚えた、直に教えを受けた中原はなおさらであろう）その後の中原は、体の不調をきたして、故郷に帰る。健康を取り戻しては、あ日本労働評議会、岡山県無産者団体協議会（無産協）、さらに翌年の労働農民党岡山県支部の結成に参加する。そのうちの1923年（大正12年）には、岡山で初めてのメーデーが開催される、1929年（昭和4年）になると、岡山市議会議員選挙（普通選挙）に立候補して、初の無産者代表市議となった。議員となっては、主な活躍の舞台は岡山市政刷同盟の議員としての市税の減免の拡充、市民病院の開設、小学校の授業料の廃止などを掲げ、大衆運動と相俟って運動した。その中では、市政批判模擬市議会なるものを開催するなど、現在でも評判となるようなユニークな活動（その中心に二日市魚市場（その拠点となったのが、当時の京橋下手の船着き場だという）があり「二日市コミューン」の異名あり）を推進ことがあろう。

その後も、持ち前の粘り強さで活動範囲を広げていく。岡山労働者組合（岡労）、岡山地方労働組合（岡地労）を組織することで無産者運動の基盤を築きつつ、1935年（昭和10年）の県会議員選挙に出馬し、当選した。そして翌年に勃発の「二・二六事件」を聞き及ぶや、岡地労として「反ファシズムの人民戦線」を日本全国に呼びかけるなど、運動を強めていた。そこへ翌年には人民戦線事件（前述）が起き検挙され、3年の刑となって獄中の人となる。戦後については、出獄し政治活動の自由がやってくるや、同年中に日本社会党岡山県支部の立ち上げに参加していく。同時に、日本労働組合総同盟の再建にも精出していく。翌年には衆議院議員に当選し、以後通算六期在籍したというから、かなり古株議員となっていたことだろう。その間には、社会・民主の連立内閣（1948）ということであったのだが、黒田寿男らとともに国鉄や郵便料金値上げの予算に反対し、労働者農民党を結成したものの、後再び社会党と合同するなどもあった。1960年（昭和35年）には政界を引退し、それからはかなり自由な気持ちに浸りつつ、自らの道を振り返ることもあったのではなかろうか、想えば激動の中で過ごすのを強いられた四半世紀であったろう。

233『岡山の歴史と岡山人』

岡山人（20世紀、近藤鶴代）

近藤鶴代（こんどうつるよ、1901~1970）は、政治家だ。八束村（現在の真庭市）の生まれ。同村で4歳まで暮らす。岡山高等女学校（現在の操山高等学校）へと進んだのには、家庭が比較的裕福であったのだろうか。1924年（大正13年）に、東京の日本女子大学家政科を卒業する。岡山県山陽高等女学校、岡山第一高等女学校各教諭を務める。

1946年（昭和21年）には、戦後第一回の衆院議員（岡山全県1区、定員10）に3位当選を果たす。国会議員への転身には、「衆議院議員の兄が公職追放された」（山陽新聞、2014年1月18日付け）のがきっかけとなったらしい。以降4回続く。のち参院議員に転じ当選2回という人気ぶり。その間第2、第3次吉田茂内閣の外務政務次官、1962年（昭和37年）には、第2次池田勇人内閣の科学技術庁長官、原子力委員会委員長となった。その間、寒冷地農業への助成や津山高専の開校にも力を注いだと伝わる。

1968年（昭和43年）に国会議員を引退する。それまでは、自由党、自民党といった保守派閥での女性議員の代表格として振る舞う。登院の際には、着物姿で、落ち着いた物腰であったという。

その政治家としての初心は、「女性の地位向上」とのことで、苅田アサノとは立場は違ってはいたものの、互いに尊敬する間柄であったらしい。「和して流れず」という自己への戒めであったのだろうかと想像すると、面白かろう。のみならず、「政治は義理と人情だ」とか「猿は木から落ちても猿だが、代議士は選挙に落ちればただの人だ」などの気さくな言葉でも知られる。なるほど、これらの振る舞いからすると、ざっくばらんで、なかなかに愛すべき人物だと言えるのではないだろうか。

２３４『岡山の歴史と岡山人』

岡山人（20世紀、本田實）

本田實（ほんだみのる、１９１３〜１９９０）は、世界に知られるアマチュア天文家である。鳥取県八頭郡八東村（現在の八頭町）の農家の長男として生まれる。幼い頃から星に興味を持ち、将来への何某かの希望をはぐくみながら、この辺りの晴れた夜に輝く、満点の星を眺めていたことだろう。やがて、八頭町尋常高等小学校を卒業する。１９２７年（昭和2年）頃には、直径28ミリメートルのレンズを購入し、望遠鏡を自作したというから、既にやる気満々であったのではなかろうか。というのも、比較的作りやすいとされる「ニュートン式反射望遠鏡」にしても、「「主鏡」とも呼ばれる凹面鏡が、筒のおしり、つまり底の部分にあって、そこで反射した光が、筒先の平面鏡「斜鏡」で折り曲げられ、筒の側面の外側に導き出されてくるように」（藤井旭「天体望遠鏡の使い方がわかる本」誠文堂新光社、２００７）作らないといけない。

それにしても、あの時代に肝心の凹面鏡をどうやって手に入れたのだろうか。それからは、神田茂著「彗星の話」を読み、自分もと彗星探しを決意したらしい。１９３２年（昭和7年）頃でのことながら、自作望遠鏡で見つけた光を彗星と誤って京都帝国大学附属花山（かざん）天文台に知らせるも、その光は実は、レンズの反射光だったことを指摘される。これが転機となり、天文学を学ぶため、花山天文台長・山本一清の指導を受ける。精進して、山本が開設した「黄道光観測所」（広島県沼隈郡瀬戸村、現在は福山市）の観測員となる。

１９４１年（昭和16年）4月には、民間の「倉敷天文台」台員に着任する。この天文台は、「広く一般に天文知識を普及するため」ということで、１９２６年（大正15年）、元倉敷町長の原澄治によって設立された日本最初の民間天文台だ。そのあたりは、倉敷市中央にありながら、静かな住宅地となっている。ところが、同年8月には、兵役に召集され、中国東北部へ、さらにシンガポールへとやらされる。やがて迎えた１９４５年（昭和20年）、日本の敗戦により復員する。

１９４７年（昭和22年）、34歳の時には元の職場にあって、戦後としては日本人初の新彗星を見つけ、これが認められ、「本田彗星」と命名される。１９５２年（昭和27年）になっては、「財団法人倉敷天文台」主事に着任する。そこでの主な観測機材としては、31・５センチメートルカセグレン式反射望遠鏡（イギリスより購入した望遠鏡にして、鏡はカルバー研磨仕上げだとされる）と15センチメートル対空型双眼望遠鏡だと説明されている。

一方、１９６７年（昭和42年）には、社会福祉法人・「若竹の園保育園」園長となる。その優しさから「星の王子様」の異名をもらっていたようで、何だか微笑ましい。そのうちにも、天文観測を続け、多くの新星や彗星を発見しようと努めて、日本のアマチュア天文界のパイオニアとして活躍をしていく。その笑顔からも読み取れる楽天性、そして類い稀な知力と体力をフルに使って、何とその生涯に彗星12個、新星11個を発見したと伝わる。ちなみに、この天文台だが、現在でも地域の人々に天文一般知識普及活動を無料で行い、月に一回の天体観望会を実施しているようであり、かく言う天文ファンの端くれとしては、機会に恵まれるなら是非一度これに参加してみたい。

235『岡山の歴史と岡山人』

岡山人（19～20世紀、美土路昌一）

美土路昌一（みどろますいち、1886～1973）は、ジャーナリスト、それに実業家である。苫田（とまた）郡一宮村（現在の津山市一宮）にて、中山神社の宮司を務める父の長男として生まれる。津山中学時代から文学に傾倒する。小説家になることを考えていたらしい。家は裕福というほどではなく、一時は大学進学を諦めようとしたものの、1905年（明治38年）に、早稲田大学文学部英文科に入学する。そこを卒業すると、朝日新聞に入る。1934年（昭和9年）4月26日、朝日新聞の編集局に日本刀を抜いた右翼の暴漢が暴れこんできて、編集総務の鈴木文史郎が斬られて重傷を負う。犯人は「南無妙法蓮華経」を唱える日蓮宗系の右翼だったという。美土路は、4月に編集局長になっていたものの、出張していたという。1936年（昭和11年）5月には、常務取締役になり、軍制下での社の生き残りを目してか、同じ岡山県出身の宇垣一成（陸軍大将）の「側近」とも。政治力というか、そうしたことでの人脈づくりに、長けていたのではないか。

1952年（昭和27年）には、日本ヘリコプター輸送株式会社の設立にあたって社長になる。純粋な民間会社を目指す。これに際しては、敗戦の前に朝日新聞を退社し、郷里の津山に帰る。それからは、開拓農場を企画するのに励む毎日であったらしいのだが、この時に色々と人生を、そして日本の今後はどうしたらよいかを考えていたのかも知れない。そして生活全般がまだ落ち着かない中、かつての朝日新聞航空部の仲間から請われて、航空関係者の生活を支えるべく、「興民社」の会長となる。そして、会社に戻る時に仲間に示したのが、今でも全日空に掲げられていると伝わる「現在窮乏、将来有望」というスローガンと、「高潔な事業」、「権威に屈することのない、主体性をもつ企業」、それに「独立独歩できる企業」という三つの経営理念であった。

それからは、事業に邁進、極東航空との合併をとりまとめ、全日空を立ち上げる。会長まで務めた後は、相談役に落ち着く。ところが、古巣の朝日新聞社が内紛で「すったもんだ」の中、またもや請われて同社の社長となるあたり、かの孫文の「至誠」にも似て、やはり「頼まれたら断れない性格」からであったのだろうか。1967年（昭和42年）には、これを退任して郷里に戻り、それからを穏やかに暮らしたという。その晩年に魅せた穏やかで味わいの深い表情にちなんでは、戦後の日本の立ち上がりを演出した一人の経営者として、また波乱万丈の人生行路であったのは、自他共に認めるところなのであろう。

236『岡山の歴史と岡山人』岡山人（19～20世紀、棟田博、藤原寛爾）

棟田博（むねたひろし、1908～1988）は、文筆家、作家である。自己の戦争体験を元に手記から随筆、それに小説を手掛ける。一説には、「兵隊作家」とも呼ばれる。英田（あいだ）郡倉敷町（現在の美作市）の伊藤家に生まれる。家は料亭を営んでいて、常日頃から芸妓（げいぎ）の姿や三味線の奏でる音には「慣れっこ」となっていたという。やがて、親戚同士であとつぎと決めていたとされる、母の実家・棟田家（現在の津山市）の養子となる。やがて、神戸市内の学校を卒業後、早稲田大学文学部国文科に入学したものの、同学を中退して故郷に帰り、短歌同人に参加するなどして暮らす。その頃には、文学で何かできないかと考えるようになっていたのかも知れない。そして1937年（昭和12年）には、陸軍に招集される。そして岡山師団に配属され、中国戦線に出征する。翌年の除州（じよしゅう）作戦中に戦傷を負い、帰還する。回復してからは、この時の経験を「分隊長の手記」として1939年（昭和14年）から雑誌に連載して、作家の道に入る。参考までに、その冒頭においては、「降るかとみればやみ、やむかと思えば降り、昨夜は危ぶまれたが、今朝は雲も見せぬ快晴である」となっている。また、1942年（昭和17年）には、中国軍との戦場に取材しての「台児荘」で野間文芸奨励賞を受賞する、その場所をこう説明する。

「台児荘―という、何の変哲もない、支那の田舎の街の名を、かくまでに、忘れ得ず胸に肝にきざみこまれ彫りつけられようとは、いったい何処の誰が思っていたであろうか。如何にも台児荘は、なんの変哲もない小さな街である。人口はやっと一万というところであった。たゞ、こゝが、往昔からの古い城市であったことは、その城壁が話して聞かせて呉れる。この街には惜しいほどのまさに端厳たる城壁である。」

これからすると、思いは、まさに茫漠（ぼうばく）たるたり大陸の、奥深い大地に迷い込んだ、ということであったのだろう。戦後になっては、何に心の拠所を巡らせていたのだろうか、後に映画化される「拝啓天皇陛下様」などの拝啓シリーズを世に送り出していく。そのうちには、美作を題材にした小説「美作ノ国吉井川」（1971）も、ドラマ化され、茶の間で「人情家の作家」として有名になる。後者の文中においては、中国鉄道の列車の様子が温かな視線で、「ビィーッという初めて聞く汽笛のかん高い音が、盆地の天と地を震わせ、皿山の山裾から五平太（石炭）の煙が勢いよく噴き上がり、汽車が姿を現在わしたのだった。ダンジリの囃子は、とっくにぴたっと止んでいた」と語られているのが、印象的である。

藤原審爾（ふじわらかんじ、1921〜1984）は、小説家だ。東京市本郷の生まれ。幼年期には、父と死別する。父の郷里である備前市片上地区で祖母に育てられた。父母と別れて暮らしたのは、どのような影響を与えたのだろうか。閑谷中学から青山学院高商部に進む。その途中、肺結核の病気で中退した、健康面は万全でなかったため、無理はできなかったようだ。とはいえ、療養生活をしながらも、東京にいて、文学面で同人誌「曙」を発行していた。戦争末には、岡山に戻っていた。戦後になっては、同人誌「文学界」を発行、これに自らの「煉獄の曲」を掲載して、その才能を認められる。そして描いた最初期の作品「秋津温泉」（1946）が出世作となる。その書き出しには、「この秋津の町へ私は十七の初夏、伯母に連れられはじめてやって来た」（藤原莞爾「秋津温泉」集英社文庫、1978）とある。この作品は、先の大戦の日本敗戦の直前としつつ、結核で体を痛めた青年が奥津温泉に助けられる形でやって来た。そこを舞台に、作家と宿の女主人が愛を織りなす問う筋鍵にて、最初は新鮮な男女の関係であったのが、それからの展開では男の方が「ダメ男」へと堕していき、女はそれを修復しようと励むのだが、その努力は報われないという、その関係破滅への道へと入っていく。そんな井伏鱒二の「秋津温泉」への評価には、「初々しくて澄明なところ、戦後の混乱した世相と対蹠的（たいしょてき）で特に引立った。二十一歳で書き出したのにしては対人物の観察が鋭く大人びているが、底抜けに詩情豊かな筆致である。（中略）謂（い）わば姉妹策の「煉獄（れんごく）の曲」と共に、これは藤原君の第一期恋物語である」（「藤原君のこと」）とあって、べた褒めに近い、そんな井伏の後押しも介在して文壇に才能に認められていく。1952年（昭和27年）には、「罪な女」「斧の定九郎」「白い百足虫」で第7回直木賞を受賞する。

それからの作家生活の展開としては、総体的、戦後になっての藤原の関心はますます広くなっていき、純文学からサスペンス、中でも恋愛もの（私小説）やハードボイルド、さらにユーモラス小説、スポーツ小説も開拓するなどして、作品が数多く出ていく、いつしか「サスペンスの天才」、さらには「小説の名人」とも評判をとっていく。これに合わせて、折しも映像の世紀の到来が彼の作品を国民一般に知らしめていく。彼の携わった映画の数は57作品ともされ、映画「秋津温泉」もその一つであって、これを映画化した吉田喜重（映像作家にして映画監督）は、その政策動機を「敗戦を契機に生きることに疑念をいだいた男と、それに勇気づけた女が、戦後17

年たったいま、女が男に生きることの意味を問いかけたとき、男にはなにも応える言葉がなかったという、無残なすれ違い、その双曲線の広がりのなかに、戦後の情念が結実しないままに流産していった責任を、私自身に問いただしたい欲求がこの映画を私にかりたてる全てとなった」（吉田喜重「自作を語る」：守屋卓朗ほか編「吉田喜重特集」シネマクラブ研究会、1969）という。

変わったところでは、「孤独のために感傷のために――わが闘病の記録」を出していて、自身がいろんな病気と付き合いながらの作家生活であったことを明らかにしている。それでも怯むことなく、麻雀や野球、釣りに陶芸などにも関心を示し、趣味の分野でも一家をなすほどであったらしい。また、1950年代頃からは編集者や作家、その他のライターを対象とした「藤原学校」と呼ばれる文学勉強会を開いていたというから、驚きだ。さらに、死後に宮本武蔵をテーマにした未完成原稿（一説には、200字詰め原稿用紙135枚分）が、東京で同居していた女性の遺品から見つかっていて、なお元気であったなら、それまでの武蔵像（吉川英治作品など）のイメージとは大層異なる、途方もなく興味深い作品が世の中に知れ渡っていったのかも知れなかろう。

237『岡山の歴史と岡山人』

岡山人（19～20世紀、森本慶三）

森本慶三（もりもとけいぞう、1875～1964）は、実業家、そしてキリスト教学者である。無教会派キリスト者としても、広く知られる。津山伏見町（現在の津山市伏見町）の呉服商・森本商店の家に生まれる。平たく言ってみれば、裕福な家庭環境ながら、多感な子供であったようだ。一説には、家業のことを心配したいたとも伝わる。やがて京都府立一中を卒業するのだが、兄の夭折（ようせつ）により、実家に戻って家業に従事する。とはいうものの、若い心は抑え難くして、内村鑑三の「求安録」を読んで感銘を受けたようだ。キリスト教信仰に惹かれる形で上京し、以来、内村の指導を受ける。そして東京帝国大学農科大学を卒業すると、香川県と岡山県の農業技師を務めた後、親からの要請のためであろうか、故郷に戻り、再び家業に従事する。

1900年（明治33年）頃には、呉服商を続けるのをあきらめた模様だ。どうやら、心機一転、新しくやりたいことを暖めていたようなのだ。1926年（大正15年）には、家業の整理をして、津山基督（キリスト）教図書館を設立する（注）。

（注）現在は森本慶三記念館（旧津山基督教図書館、文化庁登録有形文化財）となっており、現地の津山市による表札には、「木造3階建て亜鉛メッキ銅板屋根です。南面中央入口はイオニア式（渦巻模様の柱頭を有する構造）の壁付柱を持ち、ゲーブル（切妻屋根）構造です。東面には時計台の付いた塔屋があり、壁面各所には浮き彫りが入っています。設計・建設は青森県弘前市生まれの桜庭駒五郎です。」と記されている。

その1月3日の内村鑑三の日記によると、はるばるこの地にやって来た。そして、「地は高く、山陰道に隣（となり）し、風雪が時々襲来し、寒気が強い」と感じつつも、参会者200人あまりの盛況であった由（よし）、津山キリスト教図書館の開館式が行われた中、自身が賛辞を述べたと記す。ついでながら、筆者は十代もあと少しばかりのある日であったろうか、前知識はほとんどないままに森本の津山基督（キリスト）教図書館を訪ねたことがあって、館内は実に静かな雰囲気にして、かつ、さほどに広くない空間に昔からのものと感じられる背表紙の書物がよく整理されていた。そのためか、「嗚呼、こんな閑静なところが津山にもあるのか」と、静かな感激がこみ上げるとともに、郷土への思いを新たにしたことがある。

特筆すべきは、内村の影響で日露戦争に反対した。そして第二次世界大戦中は、戦争とはできるだけ距離をおきつつ、なおかつ風当りが強くならないようにと注意深く、気をかけながら過ごしたようである。戦後になっての1950年（昭和25年）には、津山基督教学園を創立する。1963年（昭和38年）には、津山科学教育博物館を設立する。写真で見る表情には穏やかながらも、内面に某かの闘志を暖めているかのようで興味深い。

238『岡山の歴史と岡山人』

岡山人（20～21世紀、高木東六）

高木東六（たかぎとうろく、1904～2006）は、クラシックの、それに大衆に近いところでの音楽家である。その出身については、本人の弁があるので、まずは、ここに紹介しておこう。

「米子市長に言わせると、「あなたは五歳まで米子市にいたのだから、からだにはもはや米子の空気がよく染み渡っているはずだ。」従って高木東六は立派に「米子出身」ということになるらしい。

しかし、ぼくは五、六歳の幼児期、岡山の父の実家へも預けられたことがあるので、どちらも半分くらいずつのなつかしい思い出を持っている。」（高木東六「わが愛する岡山」、研秀出版の「ワイドカラー旅」のうち「山陽、山陰」、1975）

そして父は、当地で神父を務めていたという。ついては、東六は、幼い頃から聖歌を歌ったりして馴染んでいたとも考えられよう。また、そうしたことにより、だんだんと音楽に親しんでいったのかも知れない。やがて、東京音楽学校（現・東京芸大）に学ぶ。ところが、ドイツ音楽には馴染めなかったように察せられる。聞けば、フランス音楽に惹かれて、中退を決意したようだ。フランスに渡り、パリで音楽を学ぶ。そして日本に戻ってからは、内務省や軍部なりから直接に依頼された（注文があった）というよりは、知人を介してであったろうか、その中でも代表作の「空の神兵」を作曲する。その辺り、戦後になっての本人がこれを振り返るに、「ぼくは今でも不思議におもうが、どうして「空の神兵」が、こうも世の中に受けたのかもという疑問である。作曲するに当たって、それまで日本の歌謡といわれた流行歌、民謡、長唄（ながうた）、清元（きよもと）、新内（しんうち）、詩吟（しぎん）、都々逸（とどいつ）、浄瑠璃（じょうるりなど、五施法の日本の音階を用いずに、西洋音階、七つも八つもの広い音階でまとめ上げた）」（高木東六「愛の夜想曲」日本図書センター、２００３）と述懐している。かたや、「幸い、歌詞もさわやかだったから、曲想はぼく自身の持ち味で作ることができたのである」（同、前掲書）としている。本人としては、立場上、日本ハリストス正教会に所属するロシア正教徒、聖名はギリシャ語による語源で「不死の者」の意味のアファナシイとのことであるなら、そのこととの関係でかかる戦争にちなんだ曲を作るのは「良心に反する仕事」のようにも感じられるのだが。

戦後になると、他の文化人の多くと同じく、さぞかし自由な雰囲気を感じたのではないだろうか。作曲面での有名なものでは、歌謡曲「水色のワルツ」を作る。これは、同時代の作品とは一線を画した明るいメロディーで、二葉あき子の歌によって多くの人の心を和ませていく。そのうちには、明るい笑顔も手伝って、日本の歌謡界・作曲部門の中心人物への道へと堂々と歩んでいったのではないだろうか。その作風としては、エキゾティックな世界に人々をいざなうというのが、まずもって指摘されているようである。それらの土台には、若い時から培ってきていた交響曲、オペラ、シャンソンなどでの幅広い知見があったろう。かくて、それらが力となって日本の歌謡界に新しい流れを作りだしていったように見受けられる。とはいえ、本人としては、「5つの音階しかない日本の演歌や民謡」には、どちらかといえば批判的だったようだ。例えば、テレビ番組「あなたのメロディー」（NHK）や「家族そろって歌合戦」（TBS系）のレギュラーメンバー審査員として登場していて、その朗らかで丁寧な解説にて、お茶の間において大いに親しまれる。

239『岡山の歴史と岡山人』

岡山人（20世紀、阿部知二）

阿部知二（あべともじ、1903～1973）は、洋画家である。勝田郡湯郷（ゆのごう）村大字中山（現在の美作市湯郷中山）の生まれ。父は、中学校の教師をしていた。生後2か月にして父の転勤で島根へ、さらに1913年（大正2年）には姫路へ転居したというから、さぞかし落ち着かない日々であったろう。その姫路で姫路中学（現在の姫路西高校）4年を終え、第八高等学校（現在の名古屋大学）へと進む。さらに、東京帝国大学英文学科に入学してからは、短歌などへの文学熱が増していく。

1925年（大正14年）には処女作「化生」（「人生の空虚さ」を描こうとしたものらしい）を発表し、自然描写を含め新感覚のタッチをものにしようと試みているかのよう、過渡期の作品とされる。1927年（昭和2年）

に同大学を卒業すると、大学院に籍を置きつつ、創作にのめりこんでいく。1930年（昭和5年）には、短編集「恋とアフリカ」「海の愛撫」の2作を発表し、新人作家として地位を確立する。迎えた1936年（昭和11年）には、代表作の一つ、「冬の宿」（文中に主人公の孤独、それにファシズムの足音が聞こえて来るかのよう）を発表する。その一節を紹介しよう。

「私は呟いた。昨日まで、いや、今が今まで、厳しい、冷たい蒼白な冬の真ん中にちぢこまって生きていたと思ったのに、もう外の世界は暖かな光であふれていたのだ。冷酷な冬は、あの一軒の家にばかり、爪を立てたように居残っていたばかりなのだ。そこから解き放たれたことは事実だ。――それからしばらくして、「おや、不思議だ。」とひりひりするこめかみのみみず脹れを撫でながらつぶやいた。」

その後も次々作品を作っていたらしいのだが、戦争中は軍部との関わりを深くする。ある日、召集令状が届いて、入営するしかなかった。陸軍部報道班員としてジャワ（インドネシア）に行く。そこで、図書館や個人蔵書などから日本に有用なものを探し、また日本にとって都合の良くないものを没収したりする仕事の体験をする。

戦後は、戦争に加担したことを恥じたらしい。一転して進歩派として左傾化していく。ちなみに、「冬の宿」は、左翼運動退潮後の知識人の混迷を浮き彫りにしたものであった。その戦後になってのあとがきには、こんな話がなされている。

「また、これを書いた昭和11年（1936）といえば、それが二・二六事件の年だったといえば、もはや多言を必要としないだろう。大正末から昭和初めへの恐慌から抜け出ようとする日本は軍事體制というものをしだいに取ってきた。そのとき、あらゆる進歩的な運動や思想がむごたらしく踏みにじられた。そのようなことにかかわりなかった私のようなものにも、いいようのない暗い気持ちを、それらの光景はあたえた。一方、皮肉なことには――軍需景気というようなものであろうか――消費的な生活はかなりはなやかになってきており、しかもそれが眼前に見る二・二六事件のようなものを同時に伴っていた。その矛盾は心をいためつけた。また眼を未来に向けようとすれば、――私は歴史的な眼を持っていたのでないから、ただ漠としてしか感じなかったのだが、何か恐るべきことが起るという豫感があった。（中略）私は、こういう作品を書いてから20年ほど過ぎてから、ようやく、現実というものを、こういう作品のように傍から感覚的に心理的に見るだけでは、人間らしく生きたということにならず、私たちは現實の中に生きながら、すこしでもそれをあらためてゆくようにするべきであり、文學はそのようなことと無関係であるはずはない、と思うようになった。まったく鈍いことであった。」（「冬の宿」の戦後の「あとがき」より、また作品評としては、例えば森本穫「作家の肖像―宇野浩二・川端康成・阿部知二」林道舎、2005を推奨したい）

戦争下の長編「風雪」（1938〜1939）にかけては、ファシズムに対する自由主義の立場からの抵抗を示す。戦後になっては、社会主義者というのではない、自由主義の流れを汲む作家として生きたい。そして、1950年（昭和25年）に国際ペンクラブ総会への日本代表として渡欧（イギリスなど）してからは、より顕著に平和運動に関わっていくようになる。この間、メルヴィルの「白鯨」やブロンテの「嵐が丘」の翻訳を手掛けるなど、多彩な活動で一世を風靡（ふうび）したようなのだ。1971年（昭和46年）。食道がんになって、その翌年4月に退院するも、2年後に再発する。そんな中でも、5月から哲学者の三木清（みききよう）を題材にした「捕囚」（未完）を口述筆記するという具合で、最後まで創作に取り組んだ、不屈の人である。

240『岡山の歴史と岡山人』

岡山人（20世紀、吉行淳之介）

吉行淳之介（よしゆきじゅんのすけ、１９２４～１９９４）は、小説家、それに文芸評論家としても広く知られる。岡山市の生れ。父は、モダンを志向する作家、詩人の吉行エイスケと美容家あぐりの長男として生まれる。昭和の初め、2歳の時に、父母とともに東京に移る。それからは、麻布（あざぶ）中学から旧制静岡高校に入学する。少年期から、多感であった。例えば、次の逸話が伝わる。すなわち、１９４１年（昭和16年）12月8日の、日本軍によるハワイ真珠湾への奇襲攻撃のあった時、旧制中学生であった淳之介の通う学校では、そのニュースが校内アナウンスで報道されると、ほとんどの生徒が「万歳！」をするためにグラウンドに出た。けれども、当人はその気持ちにどうしてもなれずに、ただ一人教室に残っていたようである。後に、「そのときの孤独の気持と、同時に孤塁（こるい）を守るといった自負の気持を私はどうしても忘れることはできない」と、その時の心情を吐露している。

戦時の召集により、１９４４年（昭和19年）に岡山連隊に入隊するも、気管支喘息のため4日で帰郷を許される。敗戦の年の１９４５年（昭和20年）には、東京大学英文科に入って学ぶ。それからは、「新思潮」「世代」などの同人となって小説に取り組むのだが、大学についてはは中退してしまう。一説には、学問をする意思はそれなりにあったものの、アルバイトだけでは学費が続かなかったからだとされている。同大学を中退してしばらくは、「モダン日本」の記者を務める。やがて、後の作家人生へ向けての転機がやって来る。１９５４年（昭和29年）には、「驟雨（しゅうう）」で第31回の芥川賞を受賞する。その一節をここで紹介すると、次の様である。

「そのとき、彼の眼に、異様な光景が映ってきた。道路の向こう側に植えられている一本の贋アカシヤのすべての枝から、おびただしい葉が一斉に離れ落ちているのだ。風は無く、梢の細い枝もすこしも揺れていない。葉の色はまだ緑をとどめている。それなのに、はげしい落葉である。それは、まるで緑色の驟雨（しゅうう）であった。ある期間かかって、少しずつ淋しくなってゆくはずの樹木が、一瞬のうちに裸木となってしまおうとしている。地面には、いちめんに緑の葉が散り敷いていた。」（英夫と娼婦の道子が、朝のカフェの窓から外の景色を眺めつつ）

見られるように、この時既に、淳之介ならではの切れ味のある、緻密な文体を身に付けていたことがあろう。それからの主なテーマとしては、「人間の性を主題に精神と肉体の関係、及びそれを中心として人間性の深淵」などとされ、１９７０年（昭和45年）には「暗室」で第6回谷崎潤一郎賞を受賞している。一方、私生活については、なかなかに端正な顔立ち、そしてダンディーな男性として、「浮き名」を流していたらしい。また、追々都会的に洗練された論説の名手としても知られていく。これの執筆に当たっては、一瞬たりとも、大都会は生き物としての顔にとどまるところがない、自分はその中に身をおき、ざっと感覚を研ぎ澄ますと見えてくるものがある、いうことだろうか。主要作品としては、実に多い。ざっと、「原色の街」（１９５１）、「娼婦の部屋」（１９５９）、「砂の上の植物群」（１９６４）、「星と月は天の穴」（１９６７）、「暗室」（１９７０）「夕暮まで」（１９６５～78）など多数あって、なおかつ、随筆集や対談集なども多い、それらをもって１９７９年（昭和54年）には日本芸術院賞を受賞している。

241『岡山の歴史と岡山人』

岡山人（19～20世紀、鹿子木孟郎）

鹿子木孟郎（かのこぎたけしろう、1874～1941）は、旧岡山藩士・宇治長守の三男に生まれる。生家は、岡山市東田町にある。8歳の頃、伯父の鹿子木家の養子となる。1888年（明治21年）に岡山高等小学校を卒業してからは、初め松原三五郎（岡山の師範学校図画教師）の「天彩学舎」に学ぶ。その後の1892年（明治25年）には上京して、小山正太郎の画塾「不同舎」に入る。ちなみに、後の鹿子木は、当時の事情につき「余は強いて父兄に請い二ヶ年間の給費を許されて洋画専修の途に入れり　当時自から思へらくこれ最も自から給し自から成を計るに便にして且つ最も余に適合する事業なり」（「自伝」）と記している。

その後は、滋賀、三重、埼玉で中学の図画教員をつとめていく。1900年（明治33年）には、渡米をはたす。ワシントンやボストンにて、仲間と水彩画展を開くと、好評を博したという。1901年（明治34年）には、ロンドン経由で渡仏し、歴史画家・ローランスに師事する。1904年（明治37年）に帰国すると、京都に居を構え、画塾を開く。そして、明治美術会、太平洋画会、官展にと、次々と作品を出品していく。1908年（明治41年）には日本に帰り、京都工芸高等学校講師となる。1909年（明治42年）に発表の「新夫人」のモデルは鹿子木の妻ではないかと目され、椅子に座って画面やや左に傾いた着物姿の顔がこちらを見つめている。ほの暗い空間、女性の服装はあくまで地味加減なのだが、包み隠せぬ程の若々しさ滲み出ている。同年の第2回文展出品の「ローランス画伯の肖像」も、名作との評価をもらう。

1923年（大正12年）9月1日には関東大震災が起こった折には、京都で知った鹿子木は東京に入り、被災地の様子を実際に見て歩きながらスケッチをしていく、それを持ち帰って油彩「大正12年9月1日」（注）に仕上げており、これが転機になった模様だ。1926年（昭和元年）に明治神宮絵画館の「奉天（ほうてん、現在の中国の瀋陽（しんよう）市）入城図」、そして１９４０年（昭和15年）には、「南京入城図」を制作する。後者は、支那事変の際に遊就館に納めたと伝わる。やがては、関西美術院を設立する。１９３９年（昭和14年）になると、院長に就任する。京都高等工芸学校（のちの京都工繊大）でも指導に当たる。その後は、どちらかというと、大方教える側に回っていく。

（注）ちなみに、この絵を紹介した一文（カラー複写付き）には、「１９２３年（大正12年）の関東大震災は未曾有の災禍をもたらした。この絵はその翌年、鹿子木画伯が当時の情況を偲（しの）んでえがいたもので、猛火に追われる避難者の姿は、空襲下の東京都民の有様を思い出させるものがある」（日本近代史研究会「写真・図説　総合日本史第12巻近代Ⅲ」株式会社国文社）とある。

　その作風だが、肖像画や風景画で力を発揮していく。代表作には、前述の「新夫人」他、「西洋婦人」（１９０４）と「狐のショールをまとえる婦人」などがあろう。それらの作品群は、美術評論家などから「忠実で手堅い」と絶賛されていて、いずれにおいてもモデルとなっている

人物の人となりが観る者に伝わってくるかのように感じられる。

242『岡山の歴史と岡山人』

岡山人（19～20世紀、満谷国四郎）

満谷国四郎（みつたにくにしろう、１８７４～１９３６）は、吉備郡総社町門田（現在の総社市門田）の生まれ。幼少の頃、既に絵心を抱いていたというから、もしそうであるなら驚きだ。一説には、親戚の堀和平（岡山での洋画の先駆者とされる）の油彩画に触れたからとも暗示されていて、興味深い。浅野小学校時代には、同校の代用教員を務めていた画家・富朝次郎の指導を受ける。岡山中学に入ってからは、松原三五郎に洋画の手ほどきを受ける。ところが、１８９1年（明治24年）には、岡山中学を中退したという。上京して、徳永仁臣の紹介により五姓芳柳に入門する。翌年に芳柳が亡くなると、小山正太郎の率いる東京の不同舎に学ぶ。

迎えた１９００年（明治33年）には、同郷同門の鹿子木孟郎などともに、パリ万博を目指して、アメリカ経由で初めて渡仏する。向こうでは、ジャン・ポール・ローランスに師事して学ぶ。しばらくフランス各地、イタリアをめぐり1年ほどで帰国した模様だ。あちらでは、青紫系の明るい色彩を学んだらしい。その後は、日清（１８９４～１８９５）、日露（１９０４～１９０５）の二つの戦争に取材した時事的な作品や、労働者家族の日常などを取り上げた絵画も手掛ける。その間「写実的で説明的な」画風を養いつつも、その傍らでは、開設されたばかりの文部省美術展の審査員を務めるなどしていく。当時は、そうすることが食べていくために必要であったのかも知れない。

１９１１年（明治44年）年には、経済的な援助を大原孫三郎に仰ぐ形で、二度目の渡欧に出発する。今度はフランスばかりでなくスペインなどへも行って、デッサンを学んだりもして過ごす。それと、現地で色々と見聞を広めたようだ。約2年の滞在している間に、ルノワールを訪ねたりしている。向こうで多くを学んで帰ってからは、以前の「徹底した写実」から「非自然的で装飾的なもの」（欧州での「ポスト印象主義」の影響が認められる）

へと画風を変化させていた。それ以外に、中国には度々絵を描きに行っていて、東洋趣味を取り入れていったようである。それらに呼応するかのように、文展及び帝展の審査員、それに帝国美術会員を務めるなど、日本画壇での地位を高めていく。

かくて、世間にかなり知られるようになってからは、「林大尉の死」（油絵、1898）から「妙義山」（1899）へ、それから「尾道港」（1900）及び「蓮池」（同）を経て、さらに「裸婦」（1911〜1912）、「早春の庭」（1931）、「緋毛氈（ひもうせん）」（1932）などへとつながっていく。そうした流れからは、作家のたゆまぬ努力の跡が窺えよう。特に注目されるのが「緋毛氈」だとされ、それぞれのポーズで横たわる二人の女性を、やや上の方から見下ろしている。東洋的な雰囲気が漂うものの、伝統的な日本画というのではない、西洋画との折衷なのかも知れぬが、淡い黄土色に塗られた肉体は平坦な色面で静かさの中にも、造形的な美しさを追求しているのではないだろうか。いずれにおいても、独特の美の世界観に誘い込みたいかのような息遣いが感じられる。

２４３『岡山の歴史と岡山人』

岡山人（20世紀、黒崎秀明）

黒崎秀明（くろさきひであき、１９１１～１９７６）は、劇作家とともに脚本家、他にも郷土史家、版画家といった多方面に跨っての仕事人である。数多くの才能に恵まれたことでは、歴代の日本でも有数の人物ではないだろうか。岡山市蕃山町（現在の岡山市北区蕃山町）の生まれ。１９２７年（昭和2年）に、岡山県立第一商業高校（現在の岡山東商業高校）を卒業する。商売のノウハウとか計算などについて、学習したものであろう。その後は東京に移って、演劇を学ぶ。特別な学校や養成所には入らず、ほとんどが独学であったのではないかと、推察されている。それだから、知識や技法を獲得していくのは、容易ではなかったのだろう。

戦後になると、ＮＨＫ岡山放送局専属のシナリオライターとして働く。映画「海の見える家」（１９４１．４公開、日活の多摩川撮影所）を例にとると、本人が原作を作り、それを館岡謙之助が脚本にまとめ、さらに島耕二が映画監督となってこの映画を完成させている。そういう案配にて、なかなかに複雑な連携で事が進んでいく。そして、その映画が上演・放送されると、黒崎の原作は「放送劇名作選・新選ラジオドラマ」（森本治吉との共著）、１９４２）や「僕等の海軍史物語」（１９４３）などの形で出版されている。やがて文筆業の方に重きを置いていくことになるが、著作としては他にも、郷土史家として「岡山県人」（１９７４）や「岡山の人物」（1971）を、版画家として「版画・岡山後楽園」（１９６７）を制作・出版している。これらの内の「岡山県人」において黒崎は、次のように県民性に触れ、次のように述べている。

「多くの岡山人を書いて私は彼等の一人一人に会っているような気がしている。インタビューの印象では彼等はみんな冷静で、心なしか皮肉な微笑を泛（うか）べてこちらを見ていた。何をやっても計算通りで思い上がりも後悔もない、と言った表情だが、私はそこに世評にのぼる県人を見ることが出来るし、世評が見落としている県人を見ることも出来る。瀬戸内海が出来たのは五万年位前のことという話だが、それ以来照葉樹林風土の中にあっておそらく岡山人は海の幸・山の幸に恵まれ、すさまじい自然現象にも会わずに、言わば無傷で長い年代を経て来た。その余裕がいつも自分の他にもう一人の自分をつくって、冷静な熱狂しない人物像を形成していったのではないだろうか。功をあせるということもなければ諦めてしまうということもなしにわが道を黙々と、思いなしかいつも皮肉な微笑を浮かべて一歩一歩歩いて来た多くの岡山人に、私は歴史の中で会ってきた。」

これらを通覧しての感想としては、いわば一人で何役もこなしている。そして、それらのほぼすべてにおいてそれなりの優れた成果を挙げていると評される、当世において珍しい人物である。

244『岡山の歴史と岡山人』

岡山人(20世紀、吉岡三平)

吉岡三平(よしおかさんぺい、1900~1984)は、図書館で叩き上げから働く傍ら、やがて郷土史家、地方政治家も手掛ける。当時は既に家業は傾いていた、地元素封家の家(岡山城下、現在の赤山氏中区平井)に生まれる。1919年(大正8年)に関西中学校を卒業する。続いて、大学進学のため上京するのだが、一説には、親に「偽計を用いて」家に呼び戻されたと伝わる。

1918年(大正7年)12月に岡山市立図書館が開館式を迎えたことがあり、1924年(大正13年)7月、岡山市役所文書課に就職し、同年9月末からは同図書館の書記となる。1929年(昭和4年)には、司書へと昇格する。

1938年(昭和13年)10月には、岡山図書館司書として同職場に復帰する。主に、エクステンション中心から、館内サービス中心へ業務を変更する仕事を任された模様だ。その当時から文筆にも嗜（たしな）みがあったようで、「ひげだるまの家本為二」（１９３８）を手掛けるあたり、後に花開く、根っからのアイデアマンの血脈であるのは、この時既に想像するに難くあるまい。迎えた敗戦の年には、同図書館の館長に就任する。あの戦争敗北が近づくのを、当時の鋭敏な感覚の持ち主などには、なにかしら見えてきていたのではなかろうか。戦時中に、大きな出来事があった。これを改めて伝えるのが、戦後71年目にしての報道である。すなわち、毎日新聞（２０１６年6月29日付け地方版）によると、戦時中の疎開によって生き残った図書２００冊が、29日、岡山市立中央図書館（北区二日市町）で展示される。

これを企画したのは、岡山中央図書館であって、飯島章仁・学芸副専門監は「空襲の中、偶然残ったのではなく、人が受け継いで今に伝わったということを感じてほしい」（飯島章仁・学芸副専門監）と、その意義を強調したとされる。というのは、同図書館の前身の岡山市立図書館、その当時の館長が吉岡三平であって、県内の図書館について記した「岡山の図書館」（日本文教出版）によると、敗戦の年の、地方都市でも空襲が激しくなったのを見て、図書館を守ろうと蔵書の疎開を計画する。北東に約3キロ離れた寺へ、6月の岡山空襲前に図書館からかなりの蔵書を運び出し、難を逃れることができたという。

著作は、ざっと眺めるだけでも、「新旧市町村名対照 一目で判る岡山県」（１９５５）、「岡山歳時記」（１９６６）、「吉備の女性」（１９６９）、「岡山の干拓」（進昌三との共著、１９７４）、「岡山事物起源」（１９７４）、「岡山人名事典」（監修、１９７８）などが挙げられよう。すべからく、その時々の時代のニーズに合わせることが至上命題であったらしく、例えると、「昨年晩夏「岡山の干拓」刊行の話があり、干拓の民族性探求・必要性を痛感しておったので、畏友吉岡三平氏に御無理をお願いし、快諾を得た」と同共著者の進昌三が告白している。

その人生については、郷土史は地味な分野であるからして特段に触れられていないようなのだが、いかがであろうか。もし、郷土にまだ埋もれている事柄が多々あるとすれば、岡山の郷土史の草分けとしての、吉岡自身の気持ちがどうであったかなども含め、某か明かされるようだと有難い。

245『岡山の歴史と岡山人』

岡山人（19～20世紀、木村毅）

木村毅（きむらき、1894～1979）は、小説家、文芸評論家、そして教育者である。勝田郡勝田村（現在の勝央町勝間田）の生まれ。少年時代から、文学に傾倒する。田山花袋（たやまかたい）の「文章世界」への投稿など、活発な創作活動を展開していたというから、驚きだ。地元の高等小学校を卒業後は、大阪に出て、キリスト教会にて英語を学ぶ。1911年（明治44年）には、早稲田大学予科英文科に入学する。6年がかりで卒業後は、出版社に勤務しながら文筆活動を続ける。

1923年（大正12年）には、小説「兎と妓生と」を大阪毎日新聞夕刊に連載する。文学評論においても、1925年（大正14年）刊行の「小説研究十六講」は、のちに菊池寛や松本清張も熟読したという。松本清張は、恒文社版「小説研究16講」に「葉脈探求の人─木村毅氏と私―」（1980）という一文を寄せている。その一節には、こうある。
「小説研究16講」を買ったのは昭和2、3年ごろだったと思う。私の持っているのは13版で大正14年12月発行である。初版がその年の1月だから、1年間に13版を重ねた当時のベストセラーだ。私は高等小学校を出てすぐにある会社の給仕になっていたが、時間を見つけてはこれに読み耽った。たとえば銀行にお使いに行きそこで待たされている間もこれを開いた。自転車で使いに走りまわるのに、500ページの本は少々重くて厄介だったが、これを読むのがそのときのただ一つの愉（たの）しみだった。それまで私は小説をよく読んでいるほうだったが、漫然とした読み方であった。小説を解剖し、整理し、理論づけ、多くの作品を引いて立証し、創作の方法や文章論を尽したこの本に、私は眼を洗われた心地となり、それからは、小説の読みかたが一変した。いうなれば分析的になった。」

それからは、社会主義思想の啓蒙活動で全国を遊説することも加わる。安部磯雄の日本フェビアン教会の創設、賀川豊彦の農民学校に協力、それに日本労農党にも参加する、という慌ただしさであった。また、吉野作造らを中心に結成された明治文化研究会に参加する。「明治文化全集」の刊行に尽力するという、とにかく、精力的であったらしい。1928年（昭和3年）から2年間ヨーロッパに滞在した後帰国し、「ラグーザお玉」を発表する。その後も、「日米文学交流史の研究」で早稲田大学文学博士第1号の学位を得る。総じて、文学、歴史、政治などの分野を跨がって幅広く活動したことでは、近代でそうは前例がなかろう。

246『岡山の歴史と岡山人』

岡山人（20世紀、岡崎平夫）

岡崎平夫（おかざきひらお、1909～1993）は、政治家である。広島県芦品郡新市町（現在の福山市）の生まれ。やがて、府中中学校（現在の広島県立府中高等学校）の第1期生として卒業する。それから徳島高等工業卒業後、大阪市水道局に就職したものの、応召して戦線へ。ボルネオで日本の敗戦となる。なんとか無事に帰国しての1947年（昭和22年）には、大阪で水道工事会社を設立する。翌年には、その腕を買われてであろうか、吹田市水道部長に転職することができた。岡山市水道局長を経ての1963年（昭和38年）には、今度は岡山市長に初当選するのだが、以来連続5期20年（これまで最多）に渡ってこの要職を務めたというから、驚きだ。

その長らくの在任中、岡山市は目まぐるしく変貌していく。当時の岡山市は、新たな発展の時期を迎えていたようだ。色々とある中で幾つかを拾ってみると、1966年（昭和41年）には半田山植物園を開園、1969年（昭和44年）には、西大寺（現在の東区西大寺）を編入合併させる。1971年（昭和46年）、北と南で関係の町村を岡山市（北区と南区）に編入合併させる。それから、1974年（昭和49年）には、岡山駅地下一番街がオープンする。1975年（昭和50年）には、藤田村と合併し、広大な南部地域が岡山市へ加わることで、新たな発展の緒となったのだろう。迎えた1976年（昭和51年）に、「緑と花・光と水」という市政運営コンセプトを掲げて、足掛け10年を費やし西川緑道公園・枝川緑道公園を完成させる。途中の「岡崎平夫顕彰碑」には、「緑と花、光と水」とあって、その昔からの生活用水路に新たなや区割りを加えようとする発想には、心打たれよう。しかも、市民参加を得ながらのことであるという。

1979年（昭和54年）には、日本では珍しい、市立オリエント美術館が開館している。1981年（昭和56年）には、岡山市と中国の洛陽市との都市縁組に漕ぎ着ける。１９８３年（昭和58年）には、児島湾大橋が開通する。そんな「硬派」の政治家を感じさせる岡崎にして、市民をして「流石じゃ」と言わしめたのかどうか、１９６０年代にヨーロッパを視察旅行した際に出会った街々の青少年オーケストラに感動したようである。そして、「我が岡山にも」と一念発起、それがきっかけとなって、１９６５年（昭和40年）1月1日に岡山市ジュニアオーケストラが産声を上げたのだという。そうであるなら、なんとも微笑ましい、その夢がかなって満面の笑みを湛えたであろう、岡崎の嬉しさが伝わってくるではないか。

２４７『岡山の歴史と岡山人』

岡山人（20世紀、柴田錬三郎）

柴田錬三郎（しばたれんざぶろう、１９１７〜１９７８）は、作家だ。邑久郡鶴山村（現在の備前市）の生まれ。この場所は、瀬戸内海の入江であり、かねてから鯛漁など、漁業が盛んな土地柄である。ちなみに、後年になって、故郷の事をこう紹介している。

「瀬戸内海の鯛は、水深10ートルから50メートルの間を、泳いでいる。上り鯛と下り鯛がある。産卵のため太平洋からやって来るのを、上り鯛という。八十八夜あたりから、上って来るもので、漁師は、鯛漁をはじめる。（中略）さて、漁師は、網元と網子の上下関係を、三百年間、保って来た。一人の網元に、7、80人の網子がついていた。網元と網子の関係は、ひとしろ（一人前）の漁獲高の歩合（合と称する）で、成り立っている。「ひとしろ1万円だから、お前は、七合（七千円）でよかろう」といった契約になるわけである。」（柴田錬三郎「鯛について」）

かくて、そこに広がる海は、彼の日常生活の間近にあったようだ。そうした環境で、伸び伸び育ったのであろうか、鶴山小学校（現在の東鶴山小学校）から岡山2中（現在の県立操山高校）に進む。さらに、慶応義塾大学文学部支那（当時の中国をそう呼んでいた）文学科に入学する。その3年在学の時から、処女作「10円紙幣」などを「三田文学」に小説として発表していく。また、中国の魯迅（ろじん）の文学やキリシタン史に:es4傾倒していったようである。ところが、日米戦争の開戦にして、１９４２年（昭和17年）には、衛生兵としてや南方へ派遣される。その時のことだが、そこに向かう途中の船が撃沈される。柴田は漂流し、なんとか助けられ、命拾いをしたのを明かしている。

戦後になると、「日本読書新聞」の再刊に携わる。また、佐藤春夫に師事して、自身の人生行路の舵を文筆活動へと向かわせる。それからの一端を紹介すると、１９５２年（昭和27年）に「三田文学」に発表した「イエスの裔（すえ）」で直木賞を受賞する。翌年には、時代小説に移る。「真説河内山宗俊」が契機となったとのこと。

１９５６年（昭和31年）には、「週刊新潮」に連載した「眠狂四郎無頼控」で空前の剣豪ブームを巻きおこす。その眠の親友の中には、あの義賊の鼠小僧次郎吉や、貧民のために義挙を起こした大塩平八郎がいたというから、驚きだ。１９６９年（昭和44年）には、「三国志英雄ここにあり」で吉川英治賞を受ける。当時の話題作ということでは、「英雄ここにあり」が１９７０年（昭和45年）の吉川英治賞を受賞する。そんな、いわゆる「ハードボイルド」な風の歴史小説を中心に、当時の文壇に新風を送った感のある柴田にして、手慣れた論説の執筆などばかりでなく、ラジオやテレビの出演といった活動にも精力的であったようだ。それから、故郷への枠（いき）な送りものを重ねているようで、例えば、母校東鶴山小学校へは「幼き諸君へ」と題する原稿用紙にペン書きの手紙を送っている。それには、「自分は本を読むのが好きで小説家になった。自分の好きなことを早く見つけ一生懸命やってほしい。けんかがすきならボクサーに、機械いじりが好きなら工場で働く、無理に大学へ行く必要はない」などとあって、なかなかに興味深い一文となっている。

248『岡山の歴史と岡山人』

岡山人（19～20世紀、大谷碧雲居、寺田喜治郎）

大谷碧雲居（おおたにへきうんきょ、1885～1952）は、実業家と、その他に画家、それに俳人のつごう二つの顔を持つ。苫田郡西苫田村（現在の津山市苫田）の大谷家の生まれ。碧雲居は号、名を浩（こう）という。1905年（明治38年）に津山中学校を卒業して、東京美術学校洋画科に入って、絵を学ぶ。そのうちには、学内の文学サークル・俳句会に所属して、その才能を温めていく。1910年（明治43年）には同校を卒業し、中外商業新報（現在の日本経済新聞社）に入る。経営の手腕に優れ、1937年（昭和12年）には取締役に就任する。かたや俳句の方では、学生時代から渡辺水巴（わたなべすいは、1882～1946、「命の俳句」の提唱者）には師事して、「曲水」同人にもなっている。迎えた日本敗戦の年には、何を逃れるため津山に疎開し、取締役を辞任して客員待遇になる。そして翌年に水巴が亡くなると、その後の主宰を任される。そのうちに、どうやら仲間や門人から主宰が津山に居ては困ると早めの上京を促してきたとのことで、東京に戻る。

句づくりとしては、1932年（昭和7年）に「碧雲居句集」を刊行するなど、ビジネスに多忙であった合間に綴っては何某か楽しんでいたのだろうか。そんな中から幾つか拾い上げて見るうちに、「初富士の夕栄もなく暮れにけり」というのは、いわゆる写生の類であろうか。どんよりと曇った、新年の富士山であるにも関わらず、「これを眺められるのはありがたいことだ」との思いの発露なのかも知れない。また「花屋の荷花をこぼすは雪柳」。さらに一句「雲海や一天不壊の碧さあり」というのは、どこかの高所にあって、全天を覆う青い空とその中に浮かんだ雲を眺めつつ、悠久からの時の流れを感じていたのだろうか、一説には、「はかない雲海と永遠に続く空の青さ」とを対比させた妙を指摘している向きもあるようだが、それが初夏の晴れた日のことであったかどうかなどは読者の想像に任せたいのかも知れない。余談ながら、空気の澄んだ冬場によく見上げる青い空というのは、雲が見当たらぬ時もあり、こちらの風景もまた自然の移り変わりの一場面を切り取ることになっていくのだろう。私見だが、碧雲居の句というのは、頭を絞ってひねり出すというのではなく、たまたま頭に浮かんできたのを言葉に当てはめるという類なのだろうか、安らぎを感じる。日常生活の中で自らの感性が見つけた風景をさりげなく、穏やかな調べでもって語り伝える、もちろん本人の感動なり詠嘆なりが宿されていて、なんだかすがすがしく感じられよう、そういえば、津山城址（薬研堀）のたもとにしつらえてある句碑「秋風や城といふ名に石枯るる」というのも、なかなかに意味が通じにくいのがかえって楽しくもあろう。その他にも、書画や篆刻（てんこく）、茶道・禅にも通じた、いわゆる「文人墨客」の名にふさわしい、誠に味わいの深い人物として広く知られる。

寺田喜治郎（てらだきじろう、1885～1974）は、当時の国を跨いでの日本語教育者（名目上は、「満州における教育者養成」、国語科日本語視学の二十数年であったか）といって差し支えないのではなかろうか。大庭郡久世町（現在の真庭氏久世）の志茂定次郎・たけの二男として生まれる。その父が3歳の時に亡くなり、母子はたけの実家の津山・寺田家に戻って来る。その家は庄屋の家柄であって、その家の後継者たる進一郎がまだ23歳というのに急死すると、喜治郎は、祖父の弥平が後見役として守る形で寺田家の世話になる。11歳の時に弥平が亡くなってからは、それ以前に養子菊三郎を迎え寺田家を継いだ母とともに暮らす。

俳句、短歌やら文といったものに熱情を注いでの中学時代は、後の人生の肥やしにもなつたのではないか。迎えた1904年（明治37年）には、東京高等高師（現在のつくば大学）国語漢文科に入学する。それからは、文学にも一層の取り組みをしていった、のみならず英語に興味を深くして深い知識を獲得していった模様にして、それらに関連して様々な文人とも交わっていく。英語に関しては、同学において上田敏に学んで、さらに磨きをかけていったように察せられよう。そのうちには、「友人と輪読会をつくり友人たちとツルゲーネフの「猟人」」（津山文化協会編「津山の人物2」津山朝日新聞社、1991）というから、驚きだ。

このように充実した生活で同校を卒業した寺田は、兵庫県の竜野中学校に赴任し、生徒たちに国語などを教えていく。学友とともにその聞き手の中にいた生徒の三木清（みきよし、1897～1945、後年はアリストテレスやパスカル研究などにいそしむ哲学者）がいて、彼は後にこう振り返っているとのこと。

「私がほんとに読書に興味をもつようになったのは、現在満洲国で教科書編纂の主任をしておられる寺田喜治郎先生の影響である。この先生に会ったことは私の一生の幸福であった。確か中学三年の時であったと思う。先生は東京高師を出て初めて私どもの竜野（たつの）中学に国語の教師として赴任して来られた。何でも以前文学を志して島崎藤村（しまざきとうそん、1872～1943）に師事されたことがあるという噂であった。当時すでに先生は国語教育についてずいぶん新しい意見を持っておられたようである。私どもは教科書のほかに副読本として徳富盧花（とくとみろか、1868～

1927）の『自然と人生』を与えられ、それを学校でも読み、家へ帰ってからでも読んだ。先生は字句の解釈などは一切教えないで、ただ幾度も繰返して読むように命ぜられた。私は蘆花が好きになり、この本の幾つかの文章は暗誦（あんしょう）することができた。（中略）冬の夜、炬燵（こたつ）の中で、暗いランプの光で、母にいぶかられながら夜を徹して『思ひ出の記』を読み耽ったことがあるが、これが小説というものを読んだ初めである。」（三木清「読書遍歴」）

その頃の寺田の心意気としては、「向後3年にして上京、文学生活に入らんことを期したり」との見通しであったらしいのだが、そのうちに京都府地方視学、大谷大学講師になる。次いで、1924年（大正13年）には両方の職を辞して満州鉄道に入社し、満州教育専門学校教授となって大陸（現在の中国東北3省）に渡り、現地で暮らす日本人子弟を教えていく。そして現地に留まること22年が過ぎる頃、60歳となっていた彼は、病いから我が身を回復させるための手術の必要から、生徒らに別れを告げて日本に帰る。その彼が現地生まれの日本の子供たちに講演した内容たるや、敬愛する孫文の民族独立の志や、中国語を学ぶように勧めることもいとわなかったという、ともすれば官憲に連行されかねない向きの話であったのに、それにひるまず自らが信じる国語教育を説いたところに大いなる勇気あり、と讃えて差し支えなかろう。

そして、戦争末期から日本敗戦後しばらくにかけては二男、妻、長男を相次いで失うという苦難に遭う。その辺り、「満蒙開拓団」に参加させられ、また「残留孤児」といった運命にもてあそばれた感のある子供たちの「運命」にも通じるものがあろう。ちなみに、戦後80年近くを過ぎた今も、かかる「満州の悲劇」は、日本人中国人を問わず、関係する人々の人生に大きな影響を及ぼし続けていよう。1955年（昭和30年）1月には、津山の財産を処分して、郷里を離れる。大阪の娘を頼って落ち着いてからは、ようやく心の傷も癒（い）えていったのだろうか、晩年は近畿一円の教え子たちとも交流しながら、ささやかながらも家族団らんも加わっての余生を送ったと伝わる、想えば長い旅路であったことだろう。

２４９『岡山の歴史と岡山人』

岡山人（20～21世紀、時実新子）

　時実新子（ときざねしんこ、１９２９～２００７）は、川柳作家である。上道郡九蟠村（現在の岡山市東区西大寺）において、父・森義正、母・初枝の元に生まれる。やがて、県立の西大寺高等女学校を卒業する。１７歳で兵庫県姫路市の商家に嫁ぐ。そのことが起こったのは、ふとしたきっかけであったのだろうか、子育て中の２５歳から川柳を作り始める。自己表現に目覚めたらしい。１９６３年（昭和38年）には、句集「新子」をつくり、これがデビューとなる。１９７４年（昭和49年）には、季刊川柳誌「川柳展望」を主宰する。「凶暴な愛が欲しいの煙突よ」や「五月闇生みたい人の子を生まず」などを盛り込む。やむにやまれぬ「私」の熱情がほとばしり出たのであろうか。

　１９８７年（昭和62年）には、今度は実生活がにじみ出るような作品、その中でも夫ある女の激しい恋情を詠った句集「有夫恋（ゆうふれん）」がベストセラーとなる。大した度胸なのだろう。作家の田辺聖子さんは、これを「珠玉にして匕首（あいくち）の句集」と感想を述べたという。まるで、川柳界の与謝野晶子（よさのあきこ）であるかのように、「奔放」な彼女に期待を込めたのだろうか。１９９５年1月17日未明に発生した阪神・淡路大震災で被災し、その体験を詠む一方、川柳仲間に呼びかけて句集「悲苦を超えて」を出版するなどして、多くの被災者を勇気づけたと評される。１９９６年には、今度は月刊「川柳大学」を創刊する。後進の若手作家を育成することにも、川柳の普及に力を注ぐ。わけても、短歌や俳句に比べ、やや遅れて表舞台に出た感のある川柳への風当たりは強かったのではないだろうか。

　その間には、産経新聞夕刊の「夕焼けエッセー」の選考委員も務める（２０１７年9月11日付け産経新聞）。そんな円熟期に曰く、「17音字というのはですね、縮まるためにあるんじゃないんです。膨らむために一度縮んでいるだけなんです。だから起爆力といいますか、ちょっとあの感性で触れていただければ、パッとその17音字は一編の小説にもなりうるという力をこの小さな詩では持っています」（NHK人×物×録「あの人に会いたい」）と。その一方では、「パッと吐いたらですね、その吐いたものをこう推敲（すいこう）であっちゃりこっちゃりということはわたしにはできないという、もう出てきた時姿になっているというんでしょうか」（同）とあって、自分の思っていることを赤裸々に川柳に込めることにより、いうなればそこに人の情念の本質を見出そうとしているように見受けられよう。

250『岡山の歴史と岡山人』

岡山人（19～20世紀、国吉康雄）

国吉康雄（くによしやすお、1889～1953）は、画家である。アメリカに渡り、かの地の画壇で活躍した、またかの地で日米戦争のあおりを受けて苦労した画家でもある。岡山市中出石（いづし）（現在の岡山市北区出石）の生まれ。岡山県立高校の染色科に入るも、馴染めずに中退する。それだけではなくて、それからの1906年（明治39年）には、英語を習得しようとしたのか、アメリカへ移民したというから、「びっくらこん」だ。というのも、当時美術に関心を持ち始めていたらしい。そこで向こうでは、ロサンゼルスで肉体労働者として働く傍ら、同市の公立美術学校の夜学に通って、絵を学ぶ。1910年（明治43年）には、ニューヨークへ移る。1916年（大正5年）には、もっと上達したいと思って、そこのアートの学校に入学して、ケネス・ヘイズ・ミラーの教室で、腕を磨く。

そして、転機がやって来る。１９２２年（大正11年）には、かの地において初めての個展を開く。「秋のたそがれ」（１９２９）では、かなり幻想的な農村風景を描いている。その後、二回のヨーロッパ体験を経て、抽象画へと入っていったようなのだが、その経緯についてははっきりしたことはわかっていないように見受けられる。ところが、その後の１９４１年（昭和16年）12月8日の真珠湾攻撃により、日米開戦となる。それからは、アメリカ在住の敵側外国人として、辛い日々を送ったらしい。

１９４３年（昭和18年）作の「誰かが私のポスターを破った」では、自分のポスターを破られた女性の傷心に、自身の気持ちを重ねているかのようであって、初期の「階段の裸婦」（１９２９）とは、かなり趣が異なっている。都会のアメリカ人らしき若い女性が手すりに左手を絡め、やや伏目（ふしめ）に斜めうしろを振り返っている。その背後には、破られたポスターが垂れ下がっている。その「私」が大切にしていたポスターとは、「アメリカの社会派画家ベン・シャーンの作成した「われらフランスの労働者は警告する」というポスター」（小池賢博「名作選３」集英社、１９７９、現代日本美人画全集禅12巻の１冊）だというのだから、やや手が込んでいる。この作品は、カーネギー国際美術展で一等賞を得たとされていて、したがって、アメリカでの、そんな日本人としては数奇な体験が、国吉の絵を独自の地平へと運んでいったであろうことは、相当に理解できるのではないか、少なくとも、国吉の絵心がそうなるに難くない気がしている。

戦後になってから晩年にかけては、円熟味が増していく。例えば、代表作と目されている「飛び上がろうとする頭のない馬」（１９４５）や「ここは私の遊び場」（１９４７）、さらに「祭りは終わった」（１９４７年）などについては、なぜ、このような絵が描かれたのかと、理解に絶するところがあるとする見解もあろう。一説には、「生きることの不条理」が象徴されている、というのだが。そんな異色の画面の奥に広がるのは、茶褐色の大地と乾いた感じの空。ひと気のない無人の砂漠なのかもしれない。だが、左手前に青い裸電球を吊るした鉛色の電柱らしきものが一本立っている。背景の右半分には、西部劇に出てくるような看板か、仮設の小屋のようなものが立て掛けてある。そこに矢印やアルファベットがあしらわれていて、何のことやら、解読できそうにない。かれこれの記憶から、ここは季節外れの盛り場、海水浴場ではないか、とも詮索されているらしい。

およそこのように、「まるで椅子をひっくり返したような構図」とも称される、奇想天外の側面も併せ持っての画面構成ながらも、そこには理想と現実のはざまで葛藤を進んでゆかねばならぬ、それがたとえ抽象の世界であっても、根っこのところではたえざる変化に晒されている現実（対外的な関係も含めて）と分かち難くつながっているのではないだろうか。

251『岡山の歴史と岡山人』

岡山人（19～20世紀、坂田一男）

坂田一男（さかたかずお、1889～1956）は、日本におけるキュビズムの画家である。それは、20世紀のパリを中心に、ピカソやブラックらによって生み出された新たな美術表現（モチーフを幾何学的に発展させての再構築が最大の特徴か）の試みである。岡山市船頭町に生まれる。父の快太郎は、外科医で、岡山大学医学部の開祖の一人とも言われる。県立岡山中学卒業して後は、父にならい医師になろうと高校受験したのだが失敗する。続いて病気療養していくうちには、どのような経緯であったのだろうか、木炭画を教えてもらい、一転して画家を目指すに至る。1921年（大正10年）には、パリに赴く。オトン・フリエスやフェルナン・レジェに学ぶ。1928年の「浴室の二人の女」の背景は、ダーク系の完全な色面構成となっている。加えて、解体された二人が奇妙に組み合わさっているではないか。

１９３３年（昭和8年）にフランスから帰国して、玉島（現在の倉敷市玉島）にアトリエを構える。折しも日本は軍部中心の暗い時代にさしかかっていて、絵を描いていく環境としては良くなかったに違いない。その頃の作品「端午」（１９３７）では、日本的なモティーフ（元の語義はラテン語の「動かす」）としての鯉のぼりが、画面のほぼ半分を占める形で頭の部分を上にして垂れさがっている。

戦後は、A．G．O．（アヴァンギャルド・オカヤマ）を結成、主宰する。そして目指すのは、キュビズムを基本としながらも、その模倣ではない。独特の抽象絵画を制作していく。その一つ、「上半身の裸婦」（１９５５）をつらつら眺めると、ボトルのような姿か、ざらざらした案配で、それとなく（抽象的な意識のレベルでもって）こちらを眺めているではないか。ところが、１９４４年（昭和19年）、１９５４年（昭和29年）の2度に渡って同地を襲った水害により、自身の多くの作品が失われてしまう。

そういえば、日本においてキュビスムの影響を受けた画家は多い。とはいえ、厳格な意味でのキュビスムの作品を残している作家は、坂田一男をおいて他はないとも評される。したがって、彼のあるべき姿はそこにこそあるような気がしている。のみならずこの日本では、坂田は「知られざる前衛画家」とも評されていて、岡山以外での知名度は現在そう高くないものの、画面に食い入っても見ればみるほど新しい意味が現れてくる。あえてなぞらえると、例えば現代宇宙論でいわれる「マルチ・バース」の如く、その絵を見る「私」が分岐し複数化するような感覚、解釈がもたらされるのではないか。わけても人は、大いなる逆境に直面した時に最も求められるのは、ある種の複眼的思考であろうから、そんな気持ちの動きを大事にしていきたい。そうした脈絡で眺めてみると、もっと高い評価を受けて然るべきではないだろうか。

252『岡山の歴史と岡山人』

岡山人（19～20世紀、内田吐夢）

内田吐夢（うちだとむ、1898～1970）は、映画監督である。岡山市北区天瀬戸の生まれ。名は、常次郎という。生家は、和菓子屋を営んでいた。やがて、岡山県立岡山中学校（現在の岡山朝日高校）に入学する。そこを2年でやめ、ピアノ調律師を志して横浜に行く。そのうち、教会の日曜学校に通い、勉強していたと伝わる。当面の仕事としては、まだ十代半ばにして、「年期奉公」と称して、横浜の楽器店ピアノオルガン製作所で働く。ついでながら、その頃の綽名（あだな）に「トム」とあって、後の俳優デビューに当たって芸名とした模様だ。1920年（大正9年）には、横浜の大正活動写真株式会社（大活）に出入りする。助手となって働いていたところ、そこを訪れた小説家の谷崎潤一郎（たにざきじゅんいちろう）の薦（すす）めで、俳優として雇われる。

1926年（昭和元年）には、日活京都撮影所に入る。程なくであったろうか、監督を目指すようになる。翌年には、日活で監督となって、さっそく仕事に取り掛かった。1929年（昭和4年）には「生ける人形」（原作は片岡鉄平、内田が映像化）を、1931年（昭和6年）には「仇討選手」を手掛けていく。一説には、その頃の本格的な作品としては、1927年（昭和2年）の喜劇「競争三日間」辺りではないかという。1939年（昭和14年）には、長塚節の「土」などを映画化していく。こちらは、当時の日本社会を支える人々の生きざまを大胆に描き出そうという、野心的な試みであったろう。そんな中の1933年（昭和8年）には、主な仕事場が日活多摩川撮影所に移る。

先の戦争中における映画界は、マスコミなどと同様に軍部に協力するよう仕向けられていたことだろう。その方面からの、力づくで下される指示・命令に逆らうことはできずに、概ね従っていたようである。折しも、1945年（昭和20年）に、関東軍を描く「陸戦の華・戦車隊」を撮影しようと中国の占領地（日本側からすると、旧満州）に渡るものの、はかどらないまま敗戦を迎える。そのまま中国に抑留の身となる。1953年（昭和28年）にようやく帰国することができた。その間、時代に翻弄されながらの何年かを振り返ることも少なからずあったのではないだろうか。

帰国後は、東映に入社して、仕事を再スタートさせる。「血槍富士」でカムバックする。これは、槍持ちという脇役的な位置づけにある権八が主人公であるということ。その上、物語の進み方も変わっていて、主人公が自分で考え、判断を行う中で、封建社会に立ち向かう。それからは、「宮本武蔵」「大菩薩峠」などの大衆映画を手掛けていく。そして、次に内田が取り組んだのが、あの有名な「飢餓海峡」に他ならない。こちらは、水上勉（みながみつとむ、1919~2004）の原作、それを脚本家の鈴木尚之（すずきなおゆき、1929~2005）が脚色しての戦後映画作品だが、二人の作家は時代の変わり目を「荒廃」という観点から浮き彫りにした。

これの映画化を担当した内田が目をかけていた若手の一人が高倉健（たかくらけん）であって、犯人の主人公を伴淳三郎（ばんじゅんざぶろう）とともに追う刑事を演じる。続いての1958年（昭和33年）作品、「森と湖のまつり」の撮影に際しては、主役の高倉に「時間があったら活字（本）を読め。活字を読まないと顔が成長しない。顔を見れば、そいつが活字を読んでいるかどうかがわかる」（高倉健「想」）とアドバイスしたとされ、高倉もそれに応え名優ぶりを発揮した。後年の高倉が内田のことを「自分に背骨を入れてくれた人」と述懐しているのは、いかにも「肝胆相照らす」間柄であることを物語っている。それともう一つ話があって、自分たちの作ったその作品が、その後の会社の都合により一部をカットして上映され、「すったもんだ」の騒ぎになったとの事、その世界ではよくあることなのかも知れない。

その後も全ては映画のために力をとっておくかのような態度を貫いたらしく、「わたしは自分の職業が、いつもものを設定して、考え、動かすという商売でしょう。だから、想像の世界と現実の世界がよく交錯することがあるんです」（「週間文春」1968年12月16日号に「大宅対談」として掲載）などと、監督として撮影に臨んだ時の自身の微妙な立ち位置に言及している。それと、本人としては生涯現役ということであったのだろうか、70歳を超えてなお現場に出て采配をふるっていたところを倒れ、そのことで寝込んでしまったという、文字通りの一途の人であったようだ。

253『岡山の歴史と岡山人』

岡山人（19～20世紀、坂野鉄次郎）

坂野鉄次郎（さかのてつじろう、1873～1952）は、明治から昭和時代前期までの逓信官僚、実業家として、広く知られる。津高郡菅野村（現在の岡山市北区菅野）の生まれ。家は、かなり裕福であったのだろうか、京都の第三高等中学校へ、しばらくすると仙台第二高等学校に転入する。

東京帝国大学法科を出て逓信省にはいり、大阪を皮切りに、東京郵便局長、大阪逓信管理局長などの要職についていく。その間、急激に拡大する郵便物を効率的にさばくため、郵便物区分規程の制定、1906年（明治39年）には「年賀特別郵便規則」を定めての年賀郵便の特別扱いなどの考案に加わり、郵便事業の整備に努めた。

1915年（大正4年）に官吏から退くと、今度は実業界に打って出る。大阪電灯の常務を皮切りに、片上鉄道の社長（１９１９～１９４４）などをこなしていく。中国合同電気会社を創設したのも彼だ。その間、三蟠火力発電所及び吉井川の水源地を守るべく、恩原に貯水池を建設する事業を行う。それから、１９１９年（大正８年）には大阪電燈を辞すともに、かの藤田組（後の同和鉱業）の理事に、さらに同社関連会社の片上鉄道の初代社長に就任したというから、根っからの仕事好きだったのであろうか。それだけに留まることなく、さらに貴族院議員（多額納税）にもなったというから、驚きだ。

戦後、１９５３（昭和28年）には、郵政省が、彼の故郷に逓信総合博物館分館「坂野記念館」を建設し、その労に報いる形となっている（後に岡山市北区に移転）。

こうした波乱万丈（はらんばんじょう）の人生にして、本人でしかわからないことも多々あろう。彼の随筆なり、回顧録なりが伝わっているなら、是非一読したいものである。それというのも、逓信省に居た頃には、「かみなり親父」のニックネームを付けられていて、曖昧な仕事ぶりは許さなかった。本人としては、そこには何某かの配慮、そして「何もかも世の中の為人の為」との言い分がある訳であろうから、いわば「愛の鞭（むち）」といったところであったろうか。

254『岡山の歴史と岡山人』

岡山人（20世紀、永瀬清子）

永瀬清子（ながせきよこ、1906～1995）は、詩人である。赤磐郡豊田村松木（現在の赤磐市松木）の出身だ。幼年期の2歳から多感な16歳までは、電気技師を務める父の赴任地であった石川県金沢市で過ごす。その後、父のまたの転勤で名古屋へ。愛知県立第一高等女学校（後の愛知県立明和高等学校）に入学する。在学中から、詩作をよくし、佐藤惣之助に師事し、「詩之家」同人になる。なにかと、積極的であったようなのだ。ここを卒業すると、結婚して、大阪に住む。そして迎えた1930年（昭和5年）には、第1詩集「グレンデルの母親」を刊行する。

翌年の夫の転勤に伴い東京へ。当地では、萩原朔太郎（はぎわらさくたろう）なども励ましてくれた由。1945年（昭和20年）には、夫の転勤で岡山に戻る。岡山市の生地で農業にも従事する。ここで、日本の敗戦を迎える。

戦後は、次々と詩作を重ねていく。1952年（昭和27年）には、同人誌「黄薔薇」を主宰し、後進の育成にも当たる。顧みれば、金沢、名古屋、大阪、東京での生活を経てきた。その頃の作であろうか、「花は花にあふたのしい季節／古い枝にはくれないふかく／新しい枝にも匂いよきもの／まちなんやがてたのしい季節」と楽し気に詠っているのを棟方志功が「花は花の柵」（1954：「棟方志功全集」第6巻、詩歌の柵（2）、講談社、1980に所収）として版画化しているのは微笑ましい。そして迎えた1955年（昭和30年）、故郷の赤磐市松木に帰郷する。それからは、農業をしながら詩作を行う。

やがて、その作風が大きく展開していくのは、前々から温めていたものであろうか。なかでも、原水爆禁止や世界連邦と関わることで、社会性を色濃くしていく。そんな永瀬の代表作といえば、何を挙げるべきなのだろうか、つらつら考えるに、以下では「母」を紹介したい。「母って云うものは不思議な脅迫感にも似た、かなしいものでわたしの意識の底ではいつも痛みを伴っている。母はほんとに貝殻みたいにもろく、こわれやすく、しかも母の影を負って生れたことが、私にはどうすることも出来ない。つらい、なつかしい夢みたいなもので、目がさめてもいつまでも神経がおぼえている。どこへ自由に行くことも出来はしない。一寸動くとすぐこわれて、とげのようにささる気がする。実に痛い。どうすることも出来ない。」（永瀬清子「母」）

ちなみに、ここに詠われてあるような母のおかれた厳しさに向けて、中年の頃からリハビリ（針治療など）を続けてきていた私は、生前の母に何もとして挙げられなかった、だからこそ、この詩を読むと胸が痛くなる。

もう一つ、紹介するとしよう。「あけがたにくる人よ」の一節には、「あけがたにくる人よ。てててっぽっぽうの声のする方から私の所へしずかにしずかにくる人よ。一生の山坂は蒼くたとえようもなくきびしく、わたしはいま老いてしまって、ほかの年よりと同じに、若かった日のことを千万遍恋うている。（中略）もう過ぎてしまった。いま来てもつぐなえぬ。一生はすぎてしまったのに、あけがたくる人よ。ててっぽっぽうの声のする方から、私の所へくる人よ。足音もなく何しにくる人よ。涙流させにだけくる人よ。（「あけがたにくる人よ」（1987）より抜粋、なお、「ててっぽつぽう」とは山鳩が鳴く声）

そんな叙情豊かな作風からして、さぞ変動止まないこの世にもまれ、苦しんできた人かと思いきや、その生涯は自己を中心においた意欲的なものにして、その名の通り清く、そして生命力溢れる作品を書き続けた、「現代詩の母」ともされている。

255『岡山の歴史と岡山人』

岡山人(19~20世紀、坪田譲治)

坪田譲治(つぼたじょうじ、1890~1982)は、児童文学者である。御野郡石井村島田(現在の岡山市北区島田本町)の生まれ。土地柄としては、田園そして小山のある、豊かな自然に囲まれていよう。生家は、島田製織所といって、ランプ芯を作っていた。ところが、少年時代に父が亡くなり、兄が家業を継ぐことになる。大きな変化に晒されて、こころに動揺が走ったのか、どうか。そんな中、譲治は石井小学校から金川中学校に進む。やがて、1908年(明治41年)には、早稲田大学文化の予科に入学する。学費は、家で出してくれたようだ。それと、早大在学中から、文学を志すようになっていたのかも知れない。小川未明に師事して、文章を磨いていく。やがて、子供の登場する私小説を書くようになっていく。

1915年(大正4年)に同大学英文科を卒業すると、帰郷して家業の製織所を手伝う。そして迎えた1926年(大正15年)には、小説「正太の馬」を発表する。それからは、鈴木三重吉(すずきみえきち)にも師事して、「赤い鳥」に最初の童話「河童の話」を発表する。以後、旺盛な活動で、数々の作品を生み出していく。そして迎えた1935年(昭和10年)には、「お化けの世界」(「改造」3月号)で世に認められる。本人としては、苦節約40年にしてやっとつかんだ栄光ということになったろうか。続いて「風の中の子供」、さらに1938年(昭和13年)には代表作「子供の四季」を発表。あらすじは、牧場を経営していた夫婦が借家を払えず、子供の善太と三平も学校を休んで牛乳配達を手伝う。やがて父が亡くなるという中でも活発な兄弟の活躍、そして祖父が一家の世話に乗り出すこともあり、一家は立ち直っていく物語にして、文壇の高い評価を得た。やがて戦後になって、1954年(昭和29年)には「坪田譲治全集」(全8巻)が刊行され、このことが理由となって翌年芸術院賞を受賞する。これにて、日本の童話界の重鎮(しげゅうちん)

となった訳だ。1963年（昭和38年）には、童話雑誌「びわの実学校」を刊行する。その翌年には、芸術院会員となる。

その長い、下積みから栄達までの作家人生において、作風としては大方ぶれなかったと評して差し支えあるまい。大まかにいうと、純真で天真爛漫な子供の世界を描く。そこで詳しく描こうとするのは、無邪気に遊ぶ彼らの姿であろうか。背景としては、そこはかとない世界なのであろうか。大人の現実世界と対照的に描いたようである。それと、ふるさと岡山を愛し続け、その風物を反映させながら童話を書いたとも伝わる。とにもかくにも、その時々の斬新な話題を題材にしていて、それらの中に一本糸を通して、「遊べや遊べ」などと励ましてくれるのなら、ありがたいことではないか。

256『岡山の歴史と岡山人』

岡山人（20世紀、木山捷平）

木山捷平（きやましょうへい、1904～1968）は、詩人、そして小説家である。小田郡新山村（現在の笠岡市山口）の生まれ。父は村の収入役を務めていたのだが、退職して果樹栽培「木山園」を行う。そんな旧家（一説には、「小地主程度」）の暮らし向きだからして、貧しいというのではなかったようだ。小学校時代から成績は優秀とか、やがて岡山県立矢掛中学校（現在の県立矢掛高等学校）に進む。その頃から、文学に目覚めたらしい。果たして、それからどのくらいの時間をかけてその思いを熟成させていったのだろうか。1920年（大正9年）に同学を卒業、早稲田大学文学部に入学を希望したものの、父の反対に遭い、やむなく父の指図に従って姫路師範学校（現在の神戸大学）に行く。

1923年（大正12年）には同学を卒業し、兵庫県姫路市の出石（いづし）で小学校教員となる。以後、教職の傍ら、詩作に励んでいく。ところが、１９２５年（大正14年）には、教師をやめて上京し、東洋大学文化学科に入学する。その頃であったか、赤松月船主催の同人誌「朝」の同人となる。折よく、月船の紹介で「万朝報」に詩を発表することができ、初めての原稿料を得たと伝わる。それと、大学については中退する。１９２９年（昭和４年）には、詩集「野」を自費出版する。１９３１年（昭和６年）に結婚してからは、作家に転じて励んでいく。１９３３年（昭和８年）には、同人誌「海豹（かいひょう）」を太宰治（だざいおさむ）らと創刊する。そこでは、飄逸（ひょういつ）な作風の文を書いて、読者を獲得していく。

１９３９年（昭和14年）には、処女小説「抑制の日々」を発表する。以後、短編を書いていく。私小説のためか、弾圧されなかったようだ。１９４４年（１９４４年）には、「満州」を目指して開拓団に加わる。そして中国の長春では、日本の農地開発公社の嘱託する社員として働く。１９４５年（昭和20年）には、現地で召集され、兵役に就くのだが、程なく日本敗戦となり、命拾いした形だ。日本に帰国してからは、東京に住み、戦後の混乱と物資欠乏に苦しみながらも生きていく。やがて迎えた１９４９年（昭和24年）には、「耳学問」を発表する。また、戦争体験をもとにした長編小説「大陸の細道」を書き、これを１９６２年（昭和37年）に発表する。この作品で一躍、戦後の人気作家に仲間入りするとともに、同年度の芸術選賞を受賞する。

257『岡山の歴史と岡山人』

岡山人（20～21世紀、法華滋子、山﨑治雄、石津良介、石津謙介）

法華滋子（ほっかしげこ、一説には1912～1940）は、エスペラント語の啓蒙家であるとされる。真庭郡川上村（現在の真庭市蒜山（ひるぜん））の生まれ。この辺りは、蒜山高原が広がる。父の職業は、特定郵便局の局長で、しかも牛を近隣の農家に貸し付けていた「牛持ち」でもあった。そして地元の小学校を出ると、長兄の法華義一と同じく教師を目指して、岡山女子師範学校の一部に進学を果たす。学生寮に入って勉学に励む中、次兄の法華暉良（ほっかてるよし）の影響でエスペラント語の勉強を始める。ちなみに、エスペラント語（人工国際共通語、その語義は「希望する人」とされる）とは1887年（明治20年）にポーランドのユダヤ人眼科医ラザル・ザメンホフがその弟子とともに考案・発表した人工言語であって、平等への志向と反戦平和の思想に立脚しているところから、当時の日本では政府当局に危険視されていたようだ（注）。

（注）日本におけるエスペラント運動は、岡山が発祥地の一つであるともされ、具体的には当時の日本に住んでいたガントレット（1868～1956）が同地においてエスペラントの通信教育を始めたのに由来するという。なお、彼は1900年（明治33年）に第6高等学校の教師として岡山に来ていた。そして、1906年（明治39年）には丸山順太郎との共著にて入門書の「世界語」を出版したという。ただし、この出版の少し前に作家・二葉亭四迷（ふたばていしめい）が東京で同タイトルの本を出していることから、こちらが先だとの話もあり得よう（さし辺り、濱田栄夫「岡山とエスペラン運動トーガントレットとエロシェンコを中心に」：山陽学園大学・山陽学園短期大学社会サービスセンター編「日本の文化岡山の文化」吉備人出版、2004を推奨したい）。

ところが、彼女が卒業する頃は、1930年代の不況期であって、彼女は暉良を頼って東京に出て、喫茶店に勤める。エスペラント仲間ということでは、寮、地域において左翼の人たちとの交流があり、その分官憲ににらまれることにもなっていく。その頃の知人によれば、「はなやかで、おっとりした滋子のエスペラントの会話は京浜の若い労働者のあこがれの存在であり、エスペラント語の講師もしていた」（「エスペラントの女が―法華滋子の生涯（３）」、雑誌「人権21」２００４．２）という、そうであるなら、もはやその筋のベテラン格になっていたのかも知れない。１９３３年（昭和8年）には結婚し、子供できたものの、インド人の夫（貿易商）は帰国したと伝わる。折しも、この国はもはやエスペラント語を話し、かつ広め、世界平和を口にするだけで、「非国民」扱いのみならず、治安維持法違反などに問われかねない時代になりつつあった。もっと言うならば、これの背景には、既に国民一般の人権などは風前の灯火に近くになっていたことがあろう。

かくて、滋子らが前述のような「日本エスペラント運動の発祥地となった岡山」（岡一太「岡山のエスペラント」日本文教出版、１９８３）を中心に行った活動はそんな時代の大いなる試練を潜り抜けていく。１９３９年（昭和14年）の法華は、元々身体が弱かったこともあり、警視庁の委託患者（結核）として世田谷施療院に入院、病床の父からの送金や友人・仲間の献身的な看病も受けたと伝わる。なお、滋子を見送ってからの兄・暉良は、１９５５年（昭和30年）から郷里の川上村長（ちなみに、休暇村・蒜山高原に「ほっかてるよしを讃える」旨の石碑があるとのこと）となり、法華が果たせなかった故郷へ熱き思いを引き継いでいたであろう。

山﨑治雄（やまざきはるお、１９０８～１９８７）は、写真家だ。岡山市難波町（現在の岡山市弓之町）の生まれ。青果商の家の長男。尋常小学校を卒業して、父親から家業を継ぐように言われ、進学を断念した。19歳から20歳にかけては、肺浸潤の療養を強いられる。その時間の中で、親戚から病気見舞いでもらったカメラをいじっているうちに写真心が芽生えたようで、退院後には津山線の汽車を移すなどして回る。20歳の頃、父親が亡くなるが、家業の他、写真への情熱が覚めることはなかった。そんな折に、写真同好会「岡山おしろした会」に入会する。やがて、写真を中心に、邦楽オーケストラなどにも参加、地域で有名な草分け的な存在となっていく。いろいろな１９３４年（昭和9年）には、石津良介、大森一夫らと語らって県下で初めてとなる写真家集団「光ト影の会」を結成する。

石津良介らの「中国写真家集団」の活動にも参加した。１９３５年（昭和10年）に、写真雑誌に初入選を果たす。それからは、全国クラスの方々でのコンテクストに参加し、高い評価を得ていく。

戦後になっては、鈴木八郎から記録としての写真を重要視する助言を得たという。それからは、岡山の戦後の文化活動の一拠点としての「岡山芸能懇話会」にも写真で協力していく。そして、社会派としての面目も発揮していく。１９６６年（昭和41年）には、岡山写真作家集団。西大寺軽便鉄道廃止の経緯を記録。１９６７年（昭和42年）には、「岡山の仏たち」の記録撮影。その翌年には、イグサの栽培と加工製品などの記録撮影を完成させる。１９７０年（昭和45年）には、平櫛田中作品の記録写真集を完成させる。晩年に至るまで、生涯現役を地で行くかのようであり、その間、その情熱と旺盛な活動をしていく。教え子も数多く輩出されていく、石津良介とともに岡山写真界の草分け的存在として、現在でも大きな影響力をそこかしこの活動に及ぼしている、我が国でも類まれな記録写真家であろう。

そんな山﨑の代表作というのは、何だろうか。ざっと周囲を見渡せば、記録写真が主なものであって、なお二つに分かれるみたいだ。一つは、岡山を中心とした歴史を感じさせる、しかも民俗的なもの。具体的には、仏像を含めての史跡なども含まれよう。もう一つは、戦後の工業化で急速に姿形を変えていく地域とそれにまつわる物象・風景、さらに人ではないだろうか。そんな中でも、廃止の線路に腰かけて遊んでいる女の子、テレビを見に集まった子供たちの姿が印象的だ。その際には、対象に向けてシャッターを切るにはそれだけの価値を見出してからだというのが、彼なりの信念であったろう。ちなみに、熟練に差し掛かった頃の自筆随想録には、「俺は写真が好きなのだ。美の追求・・・・おかしくて・・・ベレー仲間と馬が合わない。真実を追求しろ、俺れの生きる道がそこにある」（山崎治雄の写真記録を保存顕彰する会他編「写真家山崎治雄の仕事―よみがえる戦後岡山の記録」日本文教出版、２０１６）とある。そこには、綿密な思考に裏付けられての、50年後、１００年後までを見据えつつ、その世代のために記録を残していくべきと考えて行動していたようだ。そのため、評者からは「共有財産としての記録の活用」「共同制作と言う共同記録の方法」ともされ、単に個人しての写真家がその時々の事象にカメラを携えて向き合っていたのではなく、という点にこそ山崎ならではの視点が見て取れよう。

しかして、代表作としては、旭川ダム建設のはじめか（１９５０）ら完成までを関連事象も含めて追跡取材した記録が挙げられよう。その中では、著書としては、「津山城下町」「特別史跡閑谷学校」「閑谷学校」「岡山の仏画」などとして、出版されたものも注目だ。なお、本人に関連する著書に、山崎治雄の写真記録を保存顕彰する会編「写真家山崎治雄の仕事：よみがえる戦後おかやまの記録」（２０１６）がある。かくて、彼が切磋琢磨しあった仲間とともに、日本の写真界に大きな影響を与えた人物として、「いぶし銀」の光彩を放ち続けている人ではないだろうか、偉大だ。

石津良介（いしづりょうすけ、１９０７～１９８６）は、写真家である。岡山市片瀬町（現在の北区天瀬）の紙問屋「紙石津」の長男として生まれる。幼年から少年時代にかけて、一家の生活は安定していたようだ。京都で1年間の予備校生活を過ごしたのち、慶応義塾大学の経済学部に入る。在学中に家業を継がないと宣言し、いったんこうと決めたらひかない性格にて、結局は弟の謙介（のちのファッションデザイナー）が渋々承諾させられた模様だ。ところが、１９３２年（昭和7年）に大学を中退してしまう。その後は、当時ではまだ珍しかったカメラマンになりたいと考え、一時松竹キネマに入社する。その後岡山に帰って結婚もするのだが、１９３４年（昭和9年）には、大森一夫、山崎治雄らと語らって県下で初めてとなる写真家集団「光ト影の会」を結成する。１９３７年（昭和12年）になると、同会を「中国写真家集団」に発展させる。そんな中で、同集団が主宰する展覧会を開催していく。

　地方での活動に精出すうちには、当時写真出版会で有名だった「アルス出版」からの誘いを受けて東京へ向かう。やがて、同社の「カメラ」や「写真文化」雑誌の編集長を務めるまでになっていく。その頃の代表作としては、「三つ葉をもつ子供」（１９３７）があろう、どこの情景ほ背景にしたものであろうか、再起活発な少女の天真爛漫（てんしんらんまん）さがこちらに伝わってくるかのよう。この間に、土門拳を世に紹介するなどもしている。１９４３年（昭和18年）には中国に渡り、仲間とともに「華北弘報写真協会」を設立し、在北京日本大使館の外郭団体として何某か協力していったのではないか。

　北京で日本敗戦を迎えて、何を思ったのであろうか。戦後の１９４６年（昭和21年）には日本に帰り、岡山市内で歯科医・緑川洋一と写真興亡を立ち上げる。翌年には、仲間とともに写真家集団「銀龍社」を結成する。その後は、同集団の主力メンバーとして、またアルス出版の編集者として東京へも出かけていくという仕事人生であったろう。その仕事の中での写真撮影においては、総じては庶民の生活、中でも子供の撮影を多く手掛けた。小豆島に出かけたりもしている。岡山での行動で異彩を放っているのが、新成羽ダムや赤橋川流域の共同記録などを行い、現地て背の作品展も多くしていく。特徴としては、。やがては、後進の育成やアマチュア写真家の育成へと活動の重点を移していく。本には、「石津良助写真半世紀」（１９８１）など本人が移したものが見て取れる、日本史研究の分野でも参考図書に数えられているようだ。その一方では、大家として監修したものも多い。例えば、岡山県郷土財団が県知事・長野史郎の肝いり（長野は石津の弟子の一人らしい）で出版した「岡山の町並み」（１９８４）では、こんなことを述べている。いわく、「もしこのままわたし達が、自分には縁遠いこと、他人事として見過ごすなら、その美しさは次々と崩れてゆくほかはない。この写真集でごらんのとおり、わが岡山の町並みはまでこのような魅力を湛（たた）えて、生き残っている。その保存対策も、やるなら今のうちである。いったん壊（こわ）れたらもう取り返しはつかないのである」（石津良助「写真政策の現場から」）というのであって、ある種の使命感さえもが感じられよう、偉大な人生に違いない。

石津謙介（いしづけんすけ、1911〜2005）は、広くはファッションプロジューサーであろう。兄の石津良介とともに、岡山市片瀬町（現在の北区天瀬）の紙問屋「紙石津」の生まれ。多感な少年期を過した模様だ。上京して明治大学に進むものの、兄が家業を継がないと宣言したことから（前述）、実家に戻って21歳の若さで紙問屋を継いだという。戦後になっては、1947年（昭和22年）にアパレルメーカーのレナウン社に就職する。1951年（昭和26年）には独立して、大阪で石津商店を創設する、そして数年後に東京に進出を果たす。

そして、人生の転機がやって来た。1950年代半ばに、雑誌「男の服装」にて「アイビールック」を載せ、自らが立ち上げたアイビールック系ブランド「VAN（ヴァン）」を世の中に発信すると、若者の間でヒットし、彼らの服装面でのカリスマ的存在となっていく。1960年代前半になると、ますます人気が高まったようだ。東京・銀座のみゆき通りにてアイビールック姿で闊歩する若者のことを「みゆき族」と称されるまでに、都市部で人気が広がる。この成功がなぜ可能になったのかについては、やはり世相の変化があろう、高度成長期になると、人々の関心は衣食住の充実にも向かっていくことが背景にあったに違いない。それと、謙介のアイデアの中身が、当時のアメリカの学生ファッション（具体的には、同地の名門8大学・アイビーリーグの服装）をヒントにしたもので、VANはその機運を日本に移植したことになろうか。さらに、本人が提唱する「おしゃれ」、しかもそれは「服だけに限らない、衣食住すべてライフスタイルに関わることである」という哲学的命題も提起したことになろう。

そして1970年代に入ると、札幌五輪の開会式ユニホームのデザインを任されるなど、全国的にその名前が知られるようになっていく。ところが、1970年代半ばからオイルショック（石油危機）が勃発すると、会社の業績は落ち、１９７８年（昭和53年）に会社が倒産してしまう。そんな試練の中でも、謙介はファッション業界や、これに関係する出版業界で活躍していく。それには、一度倒産したにも関わらずＶＡＮ人気がその後も持続したことが大きかろう。いつしか、「メンズファッション業界の神様」とも呼ばれるまでに、その業界における地位は盤石なものになっていく。

その長らくのファッションデザイナー、同プロジューサーとしての経歴もさることながら、数々の「名言」を発したことでも広く知られ、例えば、「ダンディていうのは、一番大事なのは人のマネをしないこと。人が何言おうが、人がどんな目で見ようが「お前たちにわかるか」と（自分勝手に）うぬぼれること」などと、そんな奇抜なことをこともなげに語るのが、彼の真骨頂なのであろう。かくて、それらの中では、服装をはじめ生活全般における美学を追求するに遠慮はいらないということではないだろうか、そうであるなら、「ポストモダン」とも称される、これからの時代にも十分に通用する精神ではないだろうか、偉大だ。

２５８『岡山の歴史と岡山人』

岡山人（19～20世紀、尾上松之助）

尾上松之助（おのえまつのすけ、１８７６～１９２６）は、草創期の映画俳優、平たく言うと「時代劇俳優」である。「日本映画最初のスター」とも称される。岡山市（岡山市中区中島町）の生まれ。本名は、中村鶴三（なかむらつるぞう）という。尋常小学校（現在の旭東小学校）を出ると、上野町の呉服屋で働く。たまたま子役で芝居の子役で出演、それからは芸道にのめりこんでいく。１９０４年（明治37年）には、改名を果たす。その最初の頃は、歌舞伎俳優の頭であったらしい。

迎えた１９０７年（明治40年）、京都の活動写真製作者の牧野省三監督に見出され、映画俳優を志す。１９０９年「碁盤忠信」で映画界入り。以来、多くの剣劇映画に出演していく。１９１２年（大正元年）には、日本活動写真株式会社（日活）が設立される。ついては、それまで所属の横田商会が吸収され、そちらに俳優として移る。その演じる姿が、派手にして、それでいてどこか愛らしい。そのため、愛称「目玉の松ちゃん」でファンの人気を得ていく。日本映画初の「大スター」というには、諸説あろうが、一時代を築いた。出演作品は「自来也」（１９１６）、「落花の舞」（１９２５）、「荒木又右衛門」（１９２５）など、千本を下らないようだ。時代は、その間に大きくうつろいゆくのだが、尾上はその現代への橋渡し役を爽やかに演じきったのではあるまいか。

そんな芸一筋の尾上なのだが、１９２５年（大正14年）には、京都府の社会福祉事業資金にと、多額の私財を同府に寄付した。同府は、尾上からの寄付金を基に京都市南区に低所得者を対象にした小住宅20戸を建設したという。この住宅だが、入居者の資力が回復すると新たな入居者と交替する仕組みで、以後約40年に渡って「松之助出世長屋」と称せられ、人々の暮らし向きに貢献していく。

その後、この住宅は民間に払い下げられたと伝わるが、随分とありがたい、清々しい話ではないか。ちなみに、後年そのことを京都府が記念して、府立鴨川公園内に中村の胸像が建てられた。その台座の裏面には、「尾上松之助（本名中村鶴三）氏は、目玉の松ちゃんの愛称で親しまれた時代劇俳優の先覚者であった。この像は、氏が社会の福祉につくされた数々の功績を讃えるとともに、その精神である平和な社会を念願して建造したものである」と刻まれていて、ここを訪れる人たちにそっと寄り添っているとのこと。かくて、尾上が「芸は達者、心は温かな人」であることは、この碑文で「お墨付き」が与えられていることになろう、誠に愛すべき人物である。

２５９『岡山の歴史と岡山人』

岡山人（19～20世紀、重森三玲）

重森三玲（しげもりみれい、１８９６～１９７５）は、作（造）園家である。花上房郡吉川村（現在の加賀郡吉備中央町）の生まれ。築庭などを生業とする父と母の下で、幼い頃から目が養われていったようである。１９１４年（大正３年）には、その三玲の設計、父が施工の茶室を自宅横に完成させる。翌年には、東京へ出て、日本美術学校に入学する。専攻したのは、日本画である。しかし、才能を認められることなく、挫折する。同学では、生け花や茶道、それに庭園学についても研究する。

１９２２年（大正11年）には、「文化大学院」を創立する。また、通信教育講座としての「現代文化思潮講義録」の刊行を果たす。だが、翌年の関東大震災（１９２３）で閉鎖を余儀なくされる。１９２５年（大正14年）には、自宅の庭園を改作し、絶賛される。この年、戸籍名を、計夫から画家ミレーにちなんだ三玲に改める。１９２９年（昭和４年）には、京都に移り、日本庭園の研究団体「京都林泉協会」を仲間とともに立ち上げる。その翌年には、「日本新興いけばな協会」設立を唱える。抜群の行動力で、周囲を驚かせる。１９３３年（昭和８年）、それは作園家として知られる以前のことだった、勅使河原蒼風らと華道の革新を唱え、「日本新興いけばな協会」を発表（起草）する。１９３６年（昭和11年）には、全国の庭園の実測調査を始める。果たしてその胸を躍らせてであろうか、ハイスピードで仕事に取り組み、１９３９年（昭和14年）には、その成果を「日本庭園史図鑑」として刊行に至る。

それらのかたわら、作庭を進めていく。そうした中でも、「枯山水」という形式に没頭していく。43歳の時、東福寺方丈庭園や岸和田城庭園、大徳寺庭園など、大掛かりな築造に精を出す。他にも、漢陽寺庭園（周南市）、ちそう菰野（横山家庭園）（三重県菰野町）、龍吟庵（京都市東山区）、常栄寺 雪舟庭（山口市）、重森三玲庭園

く。

美術館、無字庵庭園（京都市左京区）などを手掛けている。

その様は、まるで何かに追われているようであったとも伝わる。これらの仕事のうち、東福寺本坊の庭園作りは、東西南北4つの枯山水により成り立っている。当時43歳であった三玲は、禅の教えである「一切の無駄をしてはならない」という教えに従う。具体的には、本坊内にあった材料はすべて捨てることなく再利用する方針を立て、その通りに実施する。そして、4つの枯山水が一つのストーリーにつながるような工夫がなされているという。いかにも、その場に臨む自分と自然が一体となり動いている、そうであるかのようなツール（道具）を幾つも設けているのであろう。その点、三玲の場合は、庭園理論家でもあることから、古今東西の事例を研究し、その中から見る者に躍動感が伝わってくるように、また、そんな風に人々が楽しんでくれるように仕向けている、そんな配慮が払われている気がしている。

260『岡山の歴史と岡山人』

岡山人（20世紀、人見絹枝）

人見絹枝（ひとみきぬえ、1907～1931）は、日本人で初めてのオリンピック女子メダリストである。御津郡福浜村（現在の岡山市南区福成）の農家の生まれ。農家の二女として、幼い頃から、元気な上、利発であったという。その辺りのことは、自伝「スパイクの跡」においても「幼い頃、よく家の前の小川の水を堰止めて、小魚を漁ったものです」などと振り返っている。

1913年（大正2年）には福浜村立福浜尋常高等小学校に入学、続いて1920年（大正9年）に同校を卒業すると、岡山高等女学校（現在の岡山操山高校）へとすすむ。体育面では、テニス選手であったのだが、教師の勧めで県の走り幅跳び女子体育大会に出場したところ、優勝する。その後、東京の二階堂体操塾（現在の日本女子体育大学）へ進み、その第3期生としての学生生活のなかで、ある出会いがある。陸上競技を始めたのだ。果たして、天性の才能というべきだろうか、めきめきと頭角を現していく。その後、京都で体育教師となっていたが、大阪毎日新聞の記者として勤務するようになり、そのかたわら、陸上競技にも精をだす。我が国初の女性スポーツ記者だ。そして迎えた１９２６年（大正15年）には、日本代表として、初の海外遠征となる国際大会の走り幅跳びで優勝する。総合成績では、5位であった。

続く１９２８年（昭和3年）には、日本女性初のオリンピック第9回・アムステルダム大会に出場を果たす。陸上競技女子８００メートルで、他の選手と「死の激走」を演じる。銀メダルを獲得する。日本女性初のオリンピックメダリストとなる。１９３０年（昭和5年）には、第3回万国女子オリンピックにおいて、走り幅跳びで優勝する。あれやこれやの競技で疲れ切っている身体にひるまずであったか、４００メートルにも参加して日本チームは参加18か国中4位の成績を上げる。個人総合得点では、第2位となる。なにしろ、「太ももを露にして女が走る」と罵られた時代のことだ。アジア人からの参加などとの偏見と戦いながら、動けなくなる程に必死にやり遂げる姿に、涙する観客も国家・人種を超えて少なくなかったようだ。日本女性の存在を世界に示した最初の女性であり、まさに金字塔であろう。

人見は、「努める者はいつか恵まれる」、もしくは「愚かなりとも、努力を続けるものが最後の勝利者になる」という人生観でも卓越していたが、その24歳の激動の人生ながら、類い稀なひたむきさで、日本のスポーツ界、とりわけ女性スポーツ選手の道を開き、今日の興隆へと導いた。その短くも気高い生涯において、他人には優しく、命ある限り遠くを、そして世界を見つめようとしていた、学ぶところの多い偉大な人生だ。

261『岡山の歴史と岡山人』

岡山人（20世紀、大山康晴）

大山康晴（おおやまやすはる、1923〜1992）は、プロ棋士である。倉敷市阿知の生まれ。5歳か、7歳の頃には、将棋をさし始めたというから、いわゆる理屈抜きに好きになったのであろうか。小学校を卒業すると大坂へ出て、倉敷出身のプロ棋士で関根名人の傘下である木見金治郎（きみきんじろう、1878〜1951）九段の門下となる。1940年（昭和15年）には、プロ四段に昇格する。1952年（昭和27年）には、第11期名人戦で木村義雄十四世名人を破り、初の名人となる。以来、5連覇して十五世名人の永世称号資格を得る。

1957年（昭和32年）には、木見門下の兄弟子の升田幸三（ますだこうぞう）にその座を奪われたが、2年後に奪還するという具合、ここから13連覇を果たす。この間、1962年（昭和37年）には、初の五冠王（名人・十段・王将・王位・棋聖）にもなり、以来、長く将棋界に君臨する。大山にしてみれば、面目躍如といったところか。その棋風については、「受けの達人」として知られる。それに代表される戦略、戦術ということで、名人通算18期、タイトル獲得数通算80期、十五世名人、永世十段、永世王位、永世棋聖及び、永世王将の5つの永世称号を持つ。それぞれの分野における「前人未踏」というのは、まさにこのことを言うのだろう。そして、意外と前面に取り上げられていないのが、「名人・A級に連続44期在籍」で最高記録というのであって、実はこの記録が大山の真骨頂であると思われる。

その「生涯現役」の姿勢にも驚かされるが、いろんな格言を残したことでも知られる。「逃げ道を断て、というのは盤上における戦いの教訓であるが、プロ棋士を志すなら、逆に自分で自分の道を断ち、この道しかないと覚悟を決めるべきである。」「助からないと思っても助かっている」など、「攻め」よりは「受け」にまつわることでの名言が多い。それ以外にも、例えば、「不運が続くと思ったら、虚心になって変化を目指せ。不運を幸運に変える要諦は、これしかない」、それに加えて「平凡は妙手に勝る」という。これなどは、「苦しい時ほど、視野を広くもって、当面する事象に当たれ」ということだろうか。およそこのような意味深長な格言の多いことでは、本人としても、その時々の心境と相俟って記憶の中に留められていたはずであり、ならばその時の葛藤、不安なりをも含めて見せてもらえると、広く人生行路への道案内としても通用していくのではないだろうか。

262『岡山の歴史と岡山人』

岡山人（20世紀、三宅精一）

三宅精一（みやけせいいち、1926～1982）は、社会事業家、発明家である。倉敷市の青果店の家の生まれ。やがて、地元の三菱重工業に勤める。そのうちに、召集令状が来て、軍隊に入る。1945年（昭和20年）12月には、復員する。1961年（昭和36年）頃からは、岡山市北区南方で旅館業を営む。そのかたわら、多種な発明に興味があり、色々と試作する。

そればかりではなく、動物好きが昂じて、セントバーナード犬の飼育を始める。そのことがきっかけで、ある日、盲導犬になる犬を探していた「岩橋英行」と出会う。岩橋は、社会福祉法人の日本らいとハウス理事長その人で、話が合う。その岩橋が、視力が弱まってきたことから、盲目や弱視の人が外出する時のことを考えるようになる。そのことの直接のきっかけ・発端としては、その頃、「交差点で白い杖を持った盲人が、車道を横断する姿に目を留めた時、横を車が勢いよく走り去った」という危険な場面に遭遇したと伝わる。以後の三宅は、「盲人の安全歩行」の課題が日夜頭を占めるようになった模様だ。そんなある日（1963（昭和38年）~1964年（昭和39年））の頃であったようだ。具体的には、「足の裏で、歩道と車道の境目が判るようになれば、危険が減るのではないか?」との発想が脳裏に浮かんだという。これを評して、「発明家として培った発想の連鎖から「点字ブロック」構想が浮かび上がったのである」（1963（昭和38）~1964年の頃）とも説明されている。

それからは、弟の三宅三郎も加わって点字ブロックを考案していく。そして、苦心の末のことであったのだろうか、ついに点字ブロックのデザイン・仕様を完成させる。迎えた1967年（昭和42年）、岡山市の盲学校近くの横断歩道口（中区尾島、国道2号線、現在の250号線）に、世界で初めて点字ブロックを設置する。岡山県や建設省と交渉してのことで、このための費用、点字ブロック230枚を三宅氏が負担する。

しかし、すぐにはその有用性はなかなかに認知されない。三宅は、それからも私財を投じ、点字ブロック拡大のために活動を続ける中、社会がこれをだんだんに理解していくのであった。具体的には、1973年（昭和48年）に厚生省が障害者福祉モデルを制定したのを受けて、東京を中心に点字ブロック敷設の需要が増していく。1974年（昭和49年）になると、建設省道路局から「道路における盲人誘導システム」の研究協力を依頼される。それればかりか、この取組みは日本ばかりでなく、だんだんに世界へと広がり続けて、現在に至っている。

このようにして、人に優しい社会をひたむきに考え、行動することで、世の中を変えていく、岡山の地から、大いなる信念を持って発信・実践して「世界の三宅」となって、偉大な人生だ。

263『岡山の歴史と岡山人』

岡山人（19～20世紀、正宗白鳥）

正宗白鳥（まさむねはくちょう、１８７９～１９６２）は、小説家、劇作家であるとともに文学評論家である。和気郡伊里村穂浪（現在の備前市穂浪）の生まれ。本名は、忠夫という。当地は、海に面した入江（いりえ）の土地柄であり、彼の家は地主の傍ら代々網元をしていた。ちなみに、生家から望んだ穂波漁港の写真（１９６１）を眺めると、入江の向こうに幾重にも縞が並んで見え、まるで絵に描いたような絶景ではないか。それに加えて、父の浦二は村長、銀行取締役を務めていて、大層羽振りが効いていたようだ。本人は、弟妹9人の長男。幼年時代から病弱であって読書好き、やがて閑谷（しずたに）学校で学ぶのだが、早々に退学してしまう。

１８９２年（明治25年）には、家で購読していたのだろうか、雑誌「国民の友」でキリスト教を知り、死の恐怖からの救済の道があるのでは、と考えていく。それからは、隣村のキリスト教講習所や岡山市の薇陽学院（びようがくいん）に通い、また聖書のみならず内村鑑三の著書に至るまでキリスト教関連の本を熱心に学ぶ。迎えた１８９６年（明治29年）の17歳の時に、東京専門学校（後の早稲田大学）に入学する。その在学中の翌年には、当時通っていた植村正久（うえむらまさひさ）が主催する教会において、キリスト教に入信する。しかし、１９０１年（明治34年）の卒業にあっては、これを棄教している。その前から、次第に教会から遠ざかっていたらしい。後の評論「内村鑑三」においては、何事も疑わしいという思いにて、教義にも馴染めなくなった、と告白している。そうなると、それまでの熱意は何であったのかが問題にもなろうが、本人としては、それ以上の細かなことは語りたくなかったのかも知れない。

そうしたところに、早稲田大学の出版部から、読売新聞社へと移る。やがて、島村抱月の指導で評論を書き始める。また、同新聞の文芸記者生活のかたわら小説の筆にも取り組む。１９０４年（明治37年）には、処女作の「寂莫」を発表する。１９０７年（明治40年）には、退社して、文学関係で食べていく決意をする。１９０８年（明治41年）には、代表作「何処へ」という短編を発表する。その主人公の健次は、友人の箕浦に「妻君でも情婦でも拵え玉えな」と勧めるのだが、こんなやり取りをしている。「「君は故意に不真面目なことを云う。悪い癖だ。」と、箕浦は少し顔を赤らめ、「婦人に対しても、恋愛に関しても、もっと真面目に深い意味を見なくちゃならんよ。」「そうかねえ。」と健次は冷やかに云って「併し僕自身がそう信ずれば仕方がない、人間は寄生虫、女は肉の塊、昔から聖人がそう言っている。」「まさかそんな聖人もあるまい、君は己れを欺いて趣味や情熱を蔑視しているんだ。」と、空を仰いで、「見たまえ、空は冴えて、月も鮮やかに出かかっている、虫でも秋の気（以下、略）」」云々。

この他にも、「寂寞（せきばく）」（１９０４、第1作）、「入江のほとり」（１９１５）、戯曲「最後の女」（１９２４）、「今年の秋」（１９５９）などを著している。これらのうち郷里を舞台にしての「入江のほとり」には、「瀬戸通いの汽船が島々のかなたにはっきり見えて、春めいた麗（うら）らかな日光の讃岐（さぬき）の山々に煙っていることもあれば、西風が吹き荒れて、海には漁船の影もなくなって、北国のような暗澹（あんたん）たる色を現わしていることもたまにはあった」と、18歳で上京するまでの故郷を振り返っているかのよう。それに人物論評（「内村鑑三」など）や時評（「思想・無思想」「世紀への遺書」など）、さらに文芸評論も色々と手掛けていて、大方の流れとしては、「私など、明治以来の浮世の波に漂うばかりで、人類救済永遠の生命など、いつまで経ってもわからないのであるが」のような案配であろうか。はたまた戦後の「自然主義盛衰史」（１９４８）辺りについては、「明治文学以来の生き残りの唯一の現役作家」「批判精神に満ちた冷徹さ」などと、やや冷やかとも受け取れる評価を受けているようだ。執筆以外の文学活動をいうと、１９３５年（昭和10年）には、島崎藤村らと、日本ペンクラブを設立する。戦争に協力するのを避けたかったようだが、なんとか官憲（かんけん）に睨（にら）まれることなく過ごしたようだ。戦後は、文学界で世話役として活躍する。芸術院会員を一度は辞退するが、後には受諾したという。そして文化勲章も受章したというから、根っからの虚無感にひたってはいなかったらしい。

264「岡山の歴史と岡山人」

岡山人（19～20世紀、西東三鬼）

西東三鬼（さいとうさんき、1900～1962）は、俳人として、この分野においては、この国では「あまねく」といっていいほどに知られる、この分野で日本を代表する一人（「新興俳句の旗手」）とされる。苫田（とまた）郡津山町大字南新座（現在の津山市南新座）の生まれ。本名は、斎藤敬直という。ところが、まだ幼年期の1906年（明治39年）に父の敬止が亡くなって、母と二人の生活が始まる。1915年（大正4年）に、岡山県立津山中学校に入学する。その3年後には、今度は母がスペイン風邪で亡くなる。それからは、東京の長兄を頼り、上京する。それからは、青山学院中等部、さらに高等部へと進む。

1925年（大正14年）には、日本歯科医院科専門学校を卒業する。その年の11月には、上原重子と結婚する。そのうちに何を思ったのだろうか、シンガポールに渡り、歯科医として3年を過ごす。日本に戻ってからは、東京の大森（現在の大田区大森）で歯科医院を営む。1932年（昭和7年）には、埼玉県の朝霞総合診療所の歯科部長になる。さらに翌年には、東京に移り、神田の共立病院歯科部長になる。ところが、この同じ年に、仲間の医師や看護婦、もしくは患者に俳句を勧められ、これと関わるようになったという、だからして人生というのは面白い。それからは、まるで堰を切ったように、次から次へと、俳句作りに精を出したようである。しかも、天才肌であったのだろうか、それまでの主流とは大いに違った独自の俳句を発表していく。1934年（昭和9年）には、俳句雑誌「走馬灯」の同人となる。1935年（昭和10年）には、「水枕」の句「水枕ガバリと寒い海がある」が成る。それからは、他の雑誌の同人にもどんどん売り込んでいく。1938年（昭和13年）には、歯科医をやめる。

と、そこまでは万事が一見順調に運んでいたようなのだが、世の中はファシズムへと向かっていた。迎えた1940年（昭和15年）の2月15日に「京大俳句事件」が起こり、当時の「京大俳句」の幹部8人が反戦思想による治安維持法違反容疑で逮捕される。すると、これをきっかけに、以後、第二次、第三次などへと逮捕の波が全国へと広がっていく、こうした一連の言論弾圧を「新興俳句弾圧事件」と呼んでいる。三鬼もこれに関わったとされ（同1940年には、有志と「天香」を創刊の上、第一句集「旗」を刊行）、第三次の逮捕として大森の自宅兼医院において特別高等警察に検挙されて取り調べを受ける。結局、俳句作りを当分やめるということで、起訴猶予となり、なんとか外へ出ることができた。このように、当時「物言えば唇寒し」の状況であったのは、言うを待たない。東京に絶望した三鬼は、1942年（昭和17年）、神戸へと移る。公権力による戦時下の弾圧を避けるべく、俳句から離れた生活を送らざるを得なかった。かかる時、一説には、「東京を出奔（しゅっぽん）妻子の下に戻らず」（筆者の手元史料として、地元津山の有志による「2008年の歴史探訪記」）ともされていて、如何に落胆していたかが窺えよう。

戦後になっては、ようやく自由に物が言えるようになったようである。１９４８年（昭和23年）には、「天狼」を創刊して、第二句集「夜の桃」を発刊している。続いて１９４９年（昭和24年）10月には「天狼」の編集を山口誓子と交替する。さらに、１９５１年（昭和26年）に第三句集「今日」を発刊、その翌年の１９５２年（昭和27年）には、新主宰誌「断崖」を発刊する。さらに続けて、１９６２年（昭和37年）に第四句集「変身」を発刊している。そのようにして最晩年に至るまで、まるで行者のように創作活動を続けていく。

それからかなりの時が移っての21世紀になって、新聞各紙に記念すべき記事が載った。その内容は、角川ソフィア文庫から「西東三鬼の文庫版全句集が刊行された」というもので、三鬼の生涯をかけての句業を総覧できると解説されている。それらの中では、「花鳥諷詠（かちょうふうえい）から離れた大胆不敵な作風で、俳人のみならず異分野の創作者からも支持されている。多様化する現代俳句の源泉の一つに手軽に触れられるようになった。三鬼は戦争を主題とする無季俳句を精力的に発表し」（２０１８．３．１５付日本経済新聞より引用）云々とも評価されていて、歴史的現代に生きる三鬼その人が演出されているようである。しかして、その折折に取りまとめられての句集に仲良く並んでいる中からは、「おそるべき君等の一部夏来る」（１９４８）／「中年や遠くみのれる夜の桃」（１９４８）／「犬の蚤（のみ）寒き砂丘に跳び出せり」（１９５１）↓ここに「蚤」とは、自身のことであるらしい。／「秋の暮れ大魚の骨を海が引く」（１９６２）などと、思わず身を乗り出して読み直してしまう読み手も多いのではないか。

265『岡山の歴史と岡山人』

岡山人（19～20世紀、布上喜代免）

今の中国縦貫道の津山インターのあるところといったら、おわかりだろうか。河辺村（かわなべ、現在の津山市河辺（かわなべ））は、戦前までは文字通り「河の辺り」の湿地帯であって、作物の栽培には大して向いていなかったようだ。ここに女医・布上喜代免（ぬのうえきよめ、1894～1981）は、代々この地域の神官を務めて来た家の生まれ。1924年（大正13年）が、故郷に帰って内科・小児科布上診療所（当初の場所は津山市河辺天神原）を開業した。

それまでの彼女の足跡を辿ると、1917年（大正6年）に当時の女性としては珍しい医師免状を得てからは、大阪府庁の保健課主事補として忙しく働いていた。それが、故郷が貧しく、無医村であったことに触発されたのが、かかる開業の契機となったらしい。それからの彼女は、戦前、戦中、戦後を通じて地域医療に力を尽くした。ちなみに、「村の氏神様」（「仁術を貫く一生、布上喜代免」:「一言ふたこと（第一集）」津山朝日新聞社、1989））と呼ばれるまでになったと伝わる、そうであるなら、驚くべき精励ぶりに違いない。

そのことにより、現在の布上内科病院の基礎をつくったと伝わる。なお、その後の同医院だが、1946年（昭和21年）2月の中国縦貫自動車道建設による立退きであったろうか、現在地に移転にしているという。併せて、民生委員、市教育委員学校の備品への寄付なども行ったことで、国の厚生部門から表彰される。それら以外にも、河辺村議会議を1期務めたのは自らではなく、地元に推されてのことらしい。それに、本人は信心深い人であったようで、地元の天満神社にある奉納（ほうのう）をしている。具体的には、中国縦貫自動車道の津山インターチェンジを東に少し行った所の高台にある天満神社の門前であろうか、そこの台座に鎮座している2頭の狛犬（こまいぬ、宮獅子）が、その時の贈り物であるという。そして興味深いことに、その奉納の動機が1951年（昭和26年）の「講和記念」（１９５１．９．４での、日本とアメリカなど連合国の一部との戦争状態を終結させるためのサンフランシスコ講和会議・同条約）だというから、驚きだ。

すべからく、その地域にとどまって命をつないでいくしかない、当時の多くの貧しい人達を医療面からどう支え、助けていくか、それを本当に担うのは自分であるとの自覚から数十年を働き、１９８１年（昭和56年）、にその仕事をやり終えて86歳で永眠したという（岡山女性史研究会「岡山の女性と暮らしー戦後の歩み」山陽新聞社刊、１９９３など）。

ちなみに、１９５９年（昭和34年）時点の厚生省調査による日本人の平均寿命は、男が65歳、女が６９．６歳とされている。それだからして、当人が患者を診療していた時期においては、今日以上に相当に厳しい状況も多々あったであろうことは、今想像するに難くあるまい。しかして、自分そしてこの病院が地域においてできることはすべて取り組んでみるという信念こそが読み取れるよう、そうしたことも織り込んでの偉大な人生だ。

２６６『岡山の歴史と岡山人』

岡山人（19～20世紀、土光敏夫）

土光敏夫（どこうとしお、１８９６～１９８８）は、実業家、やがて日本の財界を束ねる経団連の会長、さらに時の政府の方針作りに深く関与する地位にも就いた、政・財界の「大立者」として鳴らした。御野郡大野村（現在の岡山市北区北長瀬）の生まれ。関西中学校（現在の関西高校）から東京高等工業学校（現在の東京工業大学）へと進む。

１９２０年（大正9年）には、東京石川島造船所に入る。その後は、エンジニアを経て、現場の「鬼」ともなっていく、「現場は裏切らない」との格言の通りであったか、１９５０年（昭和25年）には社長に就任する、それからは、独自の路線を敷いて、その上を踏破していく。１９６０年（昭和35年）には、播磨造船所との合併話をまとめ、石川島播磨重工業を設立する。当時の日本の造船業は、世界一の生産を誇っていた。そんな自身の敷いたレールの先を、一体どの位見通していたのだろうか、1965年（昭和40年）には、69歳で東芝の社長になる。そこでも、「ミスター合理化」として経営再建・合理化に辣腕（らつわん）をふるう（注）。

（注）それらの新しい合併運動の経済的意義を、公正取引委員会出身の経済学者・御園生等（みそのおひとし）は、「こうしてすでに、財閥は復活しつつある。しかし復活しつつある「財閥」は、旧財閥そのままの姿としてではない。戦後における産業技術の変革と、産業構造の高度化という条件変化に触発されながら、資本的にもまたその形態と機能においてもより「近代化」された新コンツェルンとして。」（御園生等「日本の独占―再編成の実態」至誠堂、1960）と説明している。

そんな土光の経営哲学の神髄と言うのは、どんなであったのだろうか。つらつら語録をめくっているうちには、現場を知り尽くしているとの自信がそうさせるのか、例えばいわく、「ここで賃金と人件費の違いについて留意したい。両者は、賃金（一人平均）×人員＝人件費（総額）という関係にある。経営として問題になるのは、人件費のほうである。人件費の高低は、賃金ばかりでなく人員によっても左右される。したがって、賃金が高くなっても人を減らすことによって人件費は抑えることができる。そうしてこれからの経営が目指すべきは、人員の少数化にあると断言することができる」（土光敏夫著・本郷孝信編『土光語録　新訂　経営の行動指針』産業能率大学出版局、1996）と。ここに窺えるのは、資本主義社会における労働と資本の対抗関係を隠そうとするのではなくて、そのことを逆手にとっての人減らし・合理化こそが経営のモットーとすべきだという、筋金入りの資本家精神なのではないだろうか。

迎えた1974年（昭和49年）には、78歳で経団連の会長になる。政治献金をやめたい、と言ったのだが、やはり、財界トップになってみなければわからないことも多々あったのだろう、一説には、政治資金規制法改正（いわゆる「ザル化」）に力を貸したという。そんな中でも、85歳で、第二臨時行政調査会の会長を引き受ける。「増税なき財政再建」の運動の旗ふり役を務める。拡大を続ける赤字国債（あかじこくさい）の発行により、国家財政が破綻するのではないかという心配がまずあって、そのため、なかなか渋い顔をせざるを得ない面があったのだろう。例えば、そのことと、「めざし」を食することとは論理的に別物なのだが、マスコミなどはそれらを結び付けて報道したりもしていたようである。ついでながら、後のテレビのドキュメンタリー番組では自宅での朝食が放映され、それが噂ではないこと、なかなかの健康志向であることを教えていた。

そして、保守政治家とタッグを組んで、働く者には我慢と質素を押し付ける、その結果として、保守的思想の広告塔ともなっていたと評される。そんな一挙手一投足さえもが世間に注目されていた土光なのだが、当面の日中貿易のみならず、中国の経済発展に対する我が国の支援を、新日本製鉄会長の稲山嘉寛（いなやまよしひろ）と連携して日本の経済界として取り組んだ

その中でも、土光は、「労働者を厳格に管理せず、だらだらさせていたら、あなた方の経済は発展できない」と述べ、日中友好に絡めて彼なりの経営哲学を演出して見せた。中国側も、研修生たちが技術を学びに訪日し、日本の現場で学んだ成果を、帰国後に取りまとめた報告において、「マルクスは資本主義企業の無政府的な管理を述べていたが、日本では、それぞれの企業は厳格に管理され、マルクスの時代より前進している」（NHKテレビ番組「中国、開放を支えた日本人」、２０２１年に再放送）とするなど、それなりに呼応しているのは、興味深い。それと共に、土光自らも、先の日中戦争では中国に大変な迷惑、そして被害を与えてしまったと反省し、当時の政界の鈴木善幸（すずきぜんこう、当時の首相）や大平正芳（おおひらまさよし）らと日中問題ではほぼ同一線上にあって、日中友好の懸け橋たらんとしたのは、偉大だ。

全体としては、テレビ時代にあって、「財界の荒法師」、「第二臨調のドン」といった大仰なニックネームが独り歩きし、かかる人物批評の土台に据えられてしまっているのかも知れない。その類い稀な強靭な精神と知恵、そして実践力を、もっと額に汗して働く人々の幸せを実現する方向に役立てて欲しかった。もちろん、国家の急を

まず救うことをいうのには、彼なりの実践論理があったのだろう。しかし、近代人権思想、それに日本国憲法（前文）にもある通り、国民が国家の主（主権者）なのであって、特定の者や集団、ひいては国家そのものが国民の上に来るのではない、そうした人倫の基礎の上に立って、土光の言う「天下国家」についても改めて論じるべきではないだろうか。

267『岡山の歴史と岡山人』

岡山人（20世紀、苅田アサノ）

苅田アサノ（かんだあさの、１９０５～１９７３）は、政治家であるだけでなく、詩人、歌人でもある。津山町（現在の津山市勝間田町）の生まれ。生まれた家庭環境としては、代々、地主で造り酒屋（苅田酒造）というから、家庭環境はかなり恵まれていたことだろう。本名は、堀江アサノという。やがて、日本女子大学に入学する。その頃からであろうか、ロシア文学とかに傾倒していたと聞く。その感性豊かな頭脳にして、稀代の作家たちの、お馴染みの長編にも、親しんでいたのではないか。そのうちに、社会運動に関心を持ち出したようだ。１９２６年（昭和元年）に優秀な成績で同学国文科を卒業する。１９３１年（昭和6年）には、共産党に入党する。１９３３年（昭和8年）には、治安維持法違反容疑で検挙される。その後、１９３５年（昭和10年）には、出獄して東洋経済新報社などに勤務する。さらに１９３８年（昭和13年）に郷里の岡山県に帰って西日本製紙会社などで働く。

戦後は、共産党の岡山県委員として働く。もはや、社会主義者として歩んでいくに迷いはなかったらしい。１９４９年（昭和24年）には、旧岡山１区から衆議院議員に出馬し、当選を果たす。この選挙で、多くの女性が政界に出る。その後の１９５２年（昭和27年）の選挙では再選は果たせなかったものの、党中央委員、新日本婦人の会代表委員、国際民主婦人連盟評議員といった要職をこなす。

そんな優れた政治感覚を持ち合わせていて、いうならば国民の声にその都度耳を傾けながら、それを味方につけながら、社会福祉や労働関係で国会質問などをしていく苅田なのだが、意外とまで十分に知られていないのが、詩人としての側面ではないだろうか。そんな彼女の作としてかなり流通しているのが、次に紹介する「阿修羅」であって、それにはこうある。

「ここに阿修羅は立っている／三つの顔と／六本の細い手をもって／可憐な少年の姿をした阿修羅はここに立っている／せい一ぱいみはって／一てんをみつめている／この眼が涙をふりおとさないということがあろうか／しんけんな必死な願いが／ひきよせた眉根の／かすかな隆起をつくっている／うぶげもみえそうな子供らしいくちびるが歔欷（きょき）をおさえて／かみしめられている／こんなあどけない顔に刻みこまれているために／このかなしみは更にいたましくさらに切ない／うでのわのはまった蜘蛛のように細長い手／その手は胴のあたりで／折れんばかりにうち合わされている／その手はたえかねた叫びのように／のろのろと天へさしのばされている／どんな無法なあつい願いが／どんな無法な切ないなやみが／この半分裸の下袴（したばかま）だけのかぼそい少年らしい体を／おしたおそうとしているのか／三つの顔と／六本の手と／求めなやみあこがれもだえる人間の永遠に幼いすがたをもって／阿修羅はここに立っている」（「阿修羅」）

見られるように、ここには特別の技巧や形式にまだ染まっていないレベルの、いわば「名の知られていない詩人」がいるかのよう。とにかく、対象に向けての真っ直ぐな心、そして姿勢が素直に感じられよう。かたや、38歳の時の作品「弟よ」（津山市文化協会編「津山の人物2」に収録）は、早世した弟を哀（かな）しんでか、結びで「おまえが早くにすてた人生を／わたしは足のつづく限り歩いてみる／行ききわめてみる」と、たくましい心根を隠していない。その晩年は、大方東京に住んでいたのだろうか、大都会の空気はどのように感じられていたのだろうか。それでも郷土を気づかう心意気を持ち続けたというから、嬉しい。それから彼女の端正な姿の写真では、何かしら、ひたむきさが連続して、止まるところが少なかったのではないか。顧みれば、先の戦前・戦中から廃墟と化した戦後へ、それからは復興へと続く、その中で明日の日本を夢見て仲間とともに歩んだ日々、その眼差しはあくまで凛々しいのみならず、その笑顔を撮ったものがあるなら、じっと眺めてみたいものだ。

268『岡山の歴史と岡山人』

岡山人（20世紀、棟方志功）

棟方志功（むなかたしこう、1903～1975）は、言わずと知れた版画家、それに「世界のムナカタ」とも並び称されるほどのスケールの大きな芸術家である。青森の生まれ。そんな棟方の最初の願いは、油絵作家になることだったそうで、東京へ出てからというもの、帝展入選を目指していたのが、1928年（昭和3年）、5回目の出品で初入選を果たした。その頃には版画の道を進みたいとも考えていたようで、程なく決意を固めた模様だ。

それからの習作過程では、迷いもあったものの独自の作風へとのめりこんでいくうちの1936年（昭和11年）になると、「れいらく譜・大和し美し版画」を国画会に出品、それが濱田庄司の目にかなって、柳宗悦（やなぎそうえつ）、河井寛次郎など当時の民芸運動の指導者、そして大原孫三郎（１９３７年に自宅の襖に絵を描いてほしいと所望）のような芸術鑑賞の目が肥えている実業家などの知遇を得ることにもつながっていく。そして、その後河井が棟方を多くの文化人らに引き合わせていく、かくて、それまで知己に恵まれてこなかった感のある棟方としては、目の前に大いなる海原が見え出すことにもなったろう。それで幸運をつかんだことになろうか。かいつまんでの交友関係の広がりには有為転変はつきものであったのかも知れぬが、棟方の場合は好奇心と人当たりの柔らかさが幸いしたのではないかと思料されよう。

　そんな彼にして、新たなる出会いの中に「珠玉」とでも表そうか、大原総一郎がいた。その頃、西洋帰りたての総一郎の脳裏には何があったのかと想像してみると、日々の生活には心配のない境遇ということもあり、経営やその関連の学問のみならず、文学や音楽、そして美術などといった西洋の知識人たちが好んで堪能していた芸術に深い知識を有し、なおかつ他の富豪の多くがそうであるように、それらの収集家としても、すべてを呑み込んでのパトロンとしての孫三郎に劣らず、いやもっと深淵さを具備していたと察せられよう、かつ、そのことで広く世間に知られつつあったらしい。

　その後の二人の交友なりについては、舞台として語られるのは、往々にして、棟方が居住し、あるいは創作の拠点とした青森、東京、富山の3つの地域にちなんだ話の数々ではないか。とりわけ、独特な感性と版画の技術を持った、この国では珍しい風貌の芸術家としての棟方の形成に大きな影響を与えた経験として、福光町（現富山県南砺市）に１９４５年（昭和20年）4月に疎開し、6年8か月の期間をかの地で過ごしたことがあろう。その際には、版画や倭画（肉筆画）の重要作を制作し、創作活動の転機となった由、わけても「運命板画柵」（「棟方志功全集第9巻、想いの柵（1）」講談社、１９７８に所収）は、日本初の純国産合成繊維ビニロン事業に命運をかけていたクラレの二代目社長・大原総一郎が棟方に依頼して制作されたものと伝わる。

　というのは、富山市東岩瀬にはかつて繊維会社の倉敷レーヨン（のちのクラレ）がありました。社長の大原総一郎が、戦争の一大事業として、製造を始めた繊維ビニロンの生産拠点の一つとして1950年（昭和25年）に開業していた。その時の社員寮にと買収した、かつての北前船の廻船問屋（現在は富山市文化財）を「晏山寮」と名付け、宿舎として愛用していた由。ついては、福光に疎開していた棟方とも親交を深めていたようなのだが、総一郎はこの友人に当時愛読のニーチェの「ツァラトストラ」（ゾロアスター教に出てくる、いわば「超人」）が放った、神になり代わっての生々しい文句を引き合いにしながら、かかる家に招いて、床の間を飾る絵を依頼したのであったらしい。その時の「殺し文句」が雑誌「民芸」に収められている由。いわく、「棟方さん、私はこの事業に社運を賭けています。いや私自身、大原家のすべての財産を掛けているのです。その思いをこの詩に重ね私なりに翻訳しました。この詩と私の思いを象徴する作品を、美しいたたずまいのこの家の床の間に掛ける絵を描いてください」と、しかも得意のドイツ語で当該の「ツァラトゥストラかく語りき」の一部を朗々と歌い上げ、かかる下りを書き写した紙片を棟方に手渡したというから、驚きだ。そうとあっては、総一郎の新ビジネスへの熱い思いが真面目な棟方にひしひしと伝わって来たのは言うまでもなかろう、棟方がその場で快諾したのかどうかは判然としないものの、それに応えるべく準備に取り掛かる。そして出来上がったのが、堂々の装いの4つの図柄、それらを合わせての「超人」文様なのであった。

もう一つ紹介すると、その時とは相前後した別の場面であったろうか、おそらくは倉敷の本宅であろうか、大原家の静かな書斎、しかもクラシックの音楽を聴けるだけの雰囲気をもつ環境にて、二人は相対していたところへ、総一郎が「画伯は、作曲家は誰が好きですか」と尋ねると、棟方はおそるおそるであったろうか、ベートーベンを口にしたという。すると、総一郎が「じゃあ、シンフォニーを1から9まで全部聞きましょう」と言って、その後は2人でその全曲を聴くことになったというから、これまた驚きだ。と、およそこのような案配にて、彼らの友情は総一郎がリード役、棟方がそれに応えていくという中で深く実りの多いものとなっていく。ところが、ある時の総一郎は棟方に依頼した作品の出来具合を酷評した手紙を送ったこともあるそうで、棟方たるもの、それをしっかり受け止め、大切に所蔵していたというエピソードが伝わる。さらに総一郎は、「ある人は棟方はその人間の方が、その作品より面白いという。この批評ほど彼にとって迷惑、かつ不名誉な批評があるだろうか」（（「大原総一郎「棟方志功の可能性」：「大原総一郎随想全集3音楽・美術」福武書店、1981）と弁護している。これは、棟方の底抜け風の笑顔や、立居振舞いの奇抜さなどをもって芸術家としての本性を見誤るべきでないとの主張なのだろうか。かたや、総一郎の若すぎる訃報を受け取った棟方については、「神を恨みます」程の慟哭（どうこく）の文を残している、それらのエピソードを重ね合わせるうちには、肝胆相照らす、美しい間柄であったと察せられよう。

さらに一つ、岡山を舞台とした棟方の戦後の足取りをあちらこちら話を調べているうちに、地元の詩人・柳井道弘（やないみちひろ）と画家・河野磐との交友に行き当たった。その柳井が、戦中の「花鎮頌（はなしづめうた）」（1943）で「いのちを尽（つく）して薫（かお）れる花よ」云々と散りゆく桜花の風情を表現したのを、棟方が大層気に入って、戦後に同名の版画作品に仕上げたのが一つの証（あかし）となろう（詳しくは、「棟方志功全集第6巻、詩歌の柵（2）」講談社、1979）。かたや＾、河野による一文には、「時は流れ、私が彼を再び知ったときは熱烈な信奉者に囲まれた詩人となっていた。無頼（ぶらい）の青年期を経て、萩原朔太郎（はぎわらさくたろう）から保田興重郎（やすだよじゅうろう、文芸評論家・引用者）は「草陰の名無し詩人（うたびと）と、棟方志功は、詩人柳井道弘の真実は「美（うるわ）しき妙（みょう）」に尽きると言わせるほどの。戦後、棟方志功を県北美作の地に招いたのは彼であり、志功の最後を見取ったのも彼である。もし彼の父・私の従兄（いとこ）が持ち山の木を提供する許可を与えていたら、棟方志功は上斎原（かみさいばら）を生涯の拠点としたことだろう」（河野磐スケッチ画集「野よ山よ旅よ」1998）とあって、なかなかに興味深い。

かくて、世界のムナカタは、岡山にも幾つもの名残を留めていると同時に、その岡山にまつわる旅路において人々に豊かな恵みをもたらしてくれた、「岡山ゆかり人」

に悠々加えるにふさわしい人物ではないだろうか。

269『岡山歴史と岡山人』

岡山人（19～20世紀、滝川幸辰、川上貫一）

滝川幸辰（たきかわ（たきがわ）ゆきとき、1891～1962）は、教育家にして、刑法学者である。岡山の生まれ。1915年（大正4年）に、京都帝国大学独法科を卒業する。いったんは京都地方裁判所判事となるのだが、学問優秀にて、1918年（大正7年）には同大学法科大学助教授に転官し、以降の研究生活では刑事法学を専攻する。1924年（大正13年）には同教授となる。

折しも、日本は「ファシズム」（一部の学説書においても「軍国主義」の言葉が使われてあるものの、国際的なつながりを考え、この用語を用いたい）にのめり込み始めていた。やがて1932年（昭和7年）には満州事変が勃発というように、軍部の台頭により国民の権利が制限されるなど、世の中がガラリと変わっていく。

迎えた1933年（昭和8年）には、その学びの殿堂にいる滝川を標的にした事件が起こる。滝川の著書「刑法読本」や講演内容に「思想的な偏り」などがあると問題視され、文部大臣の鳩山一郎から辞職要求が出されたのだ。それたるや、本人やその同僚たち、ひいては大学当局にとっては、「まさか」の心境であったことだろう。さらにいうと、当時、治安維持法改悪の動きがあり、これに反対するようなあらゆる動きを阻止する話になっていた。当時の京大法学部の中には、自由主義分子が沢山いたのだろう。これは、学問の自由に対する公権力による弾圧にほかならない。そこで、これを守る見地からこれに反対する学者も多かった。　しかし、結局は、政府の力に押切られた形となった。同年5月26日には、休職処分が下る。これが、本人の姓を取っての「滝川事件」と呼ばれる。その後の滝川だが、刑事部門の弁護士としては働く。そして迎えた敗戦により、日本のファシズム体制は破壊され、滝川は同学に復帰することができた。以後、法学部長を1950年（昭和25年）まで務め、さらにその後京都大学総長に就任する。またその間には、日本刑法学会の初代理事長、それに日本学士院会員を務める。

その学風としては、刑法における客観主義を徹底した。この中では、国民個人の人権保障を強調するところから、専門家の間では「日本に構成要件該当性の枠組みを導入した」と評される。代表的な著書としては、前述の「刑法読本」（1932）や「犯罪論序説」（1938）などがある。また、この他にかなり多くの随筆（「卑屈になるな」など）や、時事評論（「日本の民主主義のために」）などを執筆している。これを拾い読みするうちには、「厳格一途なだけの刑法学者であるのでは」などというイメージとは相当に異なる人間像が、だんだんに見えて来よう。その温かな胸の内に浮かんで来る想念なりを、分け隔てのない調子で私たち国民一般へ向け発信してくれていて、偉大だ。

川上貫一（1888～1968）は、政治家だ。阿哲郡野馳村、その後同郡哲西町（現在の新見市）の生まれ。1907年（明治40年）に県立農学校を卒業すると代用教員に、さらに1918年（大正7年）には岡山県職員となって岡山県庁内政部に勤める。その後も北海道、長野、大阪にと渡り歩き、それぞれで社会課主事を務める。1927年（昭和2年）には、昭和文化学会に参加、社会活動にいそしんでいく。1933年（昭和8年）には治安維持法違反で逮捕、投獄された。出獄後は、労働雑誌社関西支局長となり、日本政治経済研究所創立や、反ファッショ統一戦線運動などに加わっていくのであったが、1937年（昭和12年）には、人民戦線事件で検挙される。この時は、懲役2年の実刑判決を受け、服役。その間にも、自己の信念を曲げることはなかったものと見受けられよう。そして敗戦の年には共産党に入党し、広く活躍の場を意識していったように見受けられる。1949年（昭和24年）に大阪2区から衆院選に当選する。そんな折、講和問題が持ち上がり、川上は同党を代表して、国会で論陣を張っていく。ちなみに、「1950年（昭和25年）12月9日受領、答弁第166号」として、内閣総理大臣・吉田茂が衆議院議長・原喜重に、「衆議院議員川上貫一君提出日本の軍事体制と国際的動向に関する質問に対し、別紙答弁書を送付する」としたのは、「衆議院議員川上貫一君提出日本の軍事体制と国際的動向に関する質問に対する答弁書。一　政府は、日本を戦争へ介入させるような国際的な動きがあるとは考えない。二「戦争反対、平和擁護」の標語を掲げて運動することは自由であるが、どんな運動でも、その具体的な内容については、各種取締法令の適用をうけることは、当然のことである。右答弁する」というものであった。

そして迎えた1951年（昭和26年）1月27日には、衆院本会議で占領軍を批判した。その中では、世論を背景に、「国民の大多数は単独講和に反対しておる。（中略）再軍備に反対しておる。同時に占領軍の早期撤退を望んでおります。（中略）ここに日本国民の名において、かような政治を即時中止して、日本国憲法を守って、ポツダム宣言に基づく全面講和を実現するいっさいの政策を実行することを要求するものであります」（川上貫一著「たたかいの足おと」新日本出版社）と1時間近い代表質問を行った。次いで、これには自由党、民主党（後に合同して自由民主党になる）の一部が「不穏当な表現」で「議院の品位」を傷つけたとして、懲罰動議を提出した。それな話の筋に我慢ならぬ川上は、「この質問はごうも威信を傷つけておりません。品位を傷つけていない。一体、国会の威信とは何であるか。戦争に反対し、再軍備に反対し、平和と民族独立のために忠実なことが威信である」などと弁明するのであったが、動議は可決され懲罰委員会にかけられてしまう。

その後、同委員会は川上の反論を受け、「演説内容は問題にしない。ただ、その表現が不穏当である。（中略）よって、本会議で陳謝すべし」とし、本会議に付託するも、川上は「陳謝」を拒否した。そのため、川上はついに衆議院から除名されてしまう。これに対しては、「この除名が強行されるならば、それは日本人民大衆が心から望んでおる、ポツダム宣言に基づく全面講和を、国会みずから妨害することになるのは明らかであります。なぜならば、諸君、ポツダム宣言は明らかに、日本の非武装化と、民主主義の復活強化を講和条約締結の条件としておるのである。川上君は、この精神を尊重すればこそ、あの質問演説を行ったのであります」と国会において共産党が反論するも、共産党は占領軍総司令官マッカーサーの指令（1950年6月6日）で党幹部が公職追放され、33人いた党議員団も20数人に減っていたこともあり、かかる処分の撤回はならなかった。

なお、これの後日談ながら、1952年（昭和27年）、単独講和としてのサンフランシスコ講和条約が発効した直後のメーデーにおいて、条約反対のデモ隊が使用不許可となっていた皇居前広場に入り、警官隊と衝突し、そこで使用された催涙ガスを、また武器を持たないデモ参加者に向けて銃を発砲したため、その年のメーデーは流血の惨事となり、多くの死傷者が出た由。憲法に保護された形の政治的表現を行使していたデモ参加者に対して、警察が殺傷力のある武器を使用したのは、戦後日本で初めてのことであった、その後デモを統制するための警察の手続きは変更された。ちなみに、これらの出来事を受けての川上の身の上については、1953年（昭和28年）に衆院議員に復席し、それからは、当選を重ねていく、1964年（昭和39年）には、共産党国会議員団長、1958年（昭和33年）からは同党中央委員となって政治活動を続けていった由。本人が不退転の決意で臨んだことで、全面講和派の陣営としては、その時数でかなわぬまでも、片面講和派の「暴走」を許さぬ姿勢を国民の前に明らかにしたことになろう、今でも戦後民主主義を語るにおいては欠かせない話の筋となっていよう。

270『岡山の歴史と岡山人』

岡山人（20世紀、福武哲彦）

福武哲彦（ふくたけてつひこ、1916～1986）は、教師にして、実業家である。後者の領域では、福武書店（後のベネッセコーポレーション）の創業者だ。吉備郡日近（ひじかい）村（現在の岡山市北区日近）の教師一家の生まれ。地元の小学校を出て、岡山県師範学校小高等科、同師範本科へと進む。これを卒業後の1935年（昭和10年）には、岡山県上房郡大和村立大和尋常高等小学校（後の加賀郡吉備中央町の同学）に教師として赴任する。その後県職員を勤める。さらに大戦中は、中国の「満州」に日本からの開拓団に慰労に出かけてもいる、それが敗戦で日本に帰ってくる。

そして岡山市であれこれ仕事を変えているうちに、戦後もようやく落ち着きだして1949年（昭和24年）、出版社株式会社富士出版を設立する。こちらは、問題集などを取り扱う出版社だったが、１９５４年（昭和29年）に倒産する。どうやら、強気で商売をのばしていて、資金繰りが苦しくなってしまった由。一端どん底に落ちたのを何とか立て直し、その後は、いささか趣向を変えてと言おうか、「教育とその関連分野を基幹に、出版、ニューメディア部門の充実」へとシフトしていく。「新生福武元年」との位置づけにて、福武書店をひらく。

当面の事業内容としては、生徒手帳の印刷と年賀状の手本集を作って広めていく。それまでに、積りに積もった感のある遠大な構想を携えて、準備し、この事業に打ち込んでいたのではないだろうか。続いて、１９５５年（昭和30年）には、資本金50万円、社員6人で福武書店を株式会社化して再スタートする。１９６３年（昭和38年）には、いわゆる通信教育である通信添削「進研ゼミ」高校講座を始める。彼の会社は、小学校や中学校の学習講座も開発していく。その後は、全国模擬試験を手掛けるなど、総合教育情報出版会社として成長させていく。

果たせるかな、１９７０年代からは、学術図書や絵本、雑誌など多方面の出版にも業務を拡大していく、次から次へと、頭の中に新しい事業の構想が浮かんだのかも知れない。かといって、いわゆる「本業ばかりの堅物」ではなく、時代を観察するに視点の柔らかさ、視界の広さなりを兼ね備えていた。そのかなりは、社会のため、未来のための夢に根差していたのではないだろうか、美術品などの収集にも精出したという。これにつきもう少し掘り下げると、岡山県出身で、20世紀前半にアメリカで活躍した画家、国吉康雄の代表作百数点やルノワール、シャガールなどの名作を収集し、いわゆる「福武コレクション」を作っていく。それらの努力は、１９８６年に執務中に倒れるまで続く。これらの道筋を察するに、本人は「いま行わなければ、他の誰がやる」の心境にあって、毎日そして毎時をひたむきに走っていたのと察せられよう。なお、福武の「岡山県の教育・文化の進展に役立ちたい」との願いに基づき、１９８６年（昭和61年）に公益財団法人福武教育文化振興財団が設立されている由。その生涯かけての志は、岡山とっての大いなる文化資産の一つとして実り、かつ多くの人々の協力により後世に伝わるものとなっていて、偉大だ。

271『岡山の歴史と岡山人』

岡山人（20世紀、横溝正史）

横溝正史（よこみぞせいし、1902〜1981）は、今も絶大な人気を博している推理作家である。神戸市の生まれ。薬種業を営む父親の故郷は、浅口郡船穂町柳井原（現在の倉敷市船穂町柳井原）であり、のちに手掛ける作品群の色々な処で岡山とつながる。伝承によると、中学生時代から推理小説、中でも探偵物に興味を抱き、読みふける。そのうちには、創作もだんだんに試み、これで世の中に出たいという思いに駆り立てられていったのかも知れない。1921年（大正10年）には、雑誌「新青年」の懸賞に、「恐ろしき四月馬鹿（エイプリル・フール）」にて応募し、めでたく入選する。その後、大阪薬学専門学校（現在の大阪大学薬学部）に進学する、まずは食べていかねばならないと考えたのではないだろうか。卒業後は、実家の薬種業に従事する傍ら、探偵小説の執筆に精を出す。そのうちに江戸川乱歩に才能を見出され、その勧めで1926年（昭和元年）に上京して、出版社「博文館」に入社する。会社では、「新青年」の編集を担当したという。折しも、暗い時代の足音が繁く、1933年（昭和8年）から1939年（昭和14年）まで、長野県にて療養して暮らす。そのことで、戦争に召集されないでいた。

それでもひるまず、戦時中は当局からの探偵小説に対する圧迫で捕物帳を発表する。1945年（昭和20年）には、東京から総社へ、さらに岡田村桜（現在の倉敷市真備町）へ疎開する。終戦直後から「トリックの鬼」と化す。1948年（昭和23年）に東京へ戻るまでの間、金田一耕助初登場の「本陣殺人事件」を始め、以降、次々と新作をものにしていく。それらに加えて、自身の作品の解説としての意味合いもあろうか、そういえば、横溝の随筆「色紙と私」（1977）においては、「鬼手佛心」の言葉が使われており、代表作の一つ「獄門島（ごくもんじま）」に採用した旨、その内にはこうある。「昭和二十二年（1947）の秋のことである。当時私は岡山県吉備郡岡田村字桜というところに疎開していて、本格探偵小説なるものを書いていた。田舎にいるとすぐ名士にされてしまう。ある席でどうしても色紙を書かざるをえないはめになって、苦しまぎれに書いたのが、「謎の骨格に論理の肉附けをして、愛情の衣を着せましょう」と、いうメイ文句である。その後、愛情はいささか星や菫すぎると思ったので、浪漫の衣を着せましょうと改めたが、字のヘタな私には少し字数が多すぎる。もっと短いメイ文句はないかと思っているところ、さる開業医さんのご招待を受けた。そこの座敷の扁額に「鬼手佛心」と、書いてあるのを見て感心した。なるほどこれが医家の心構えかと思ったので、この言葉は「獄門島」に採用させてもらった。それをいろいろもじっているうちに、「鬼想佛心」と、いう言葉が出来あがった。」

　代表作としては、多くの作品群のうちほとんどどれもこれもにファンが集合している案配にて、ならなか特定するのが難しい。岡山を舞台としたものでは「獄門島」の他に、「本陣殺人事件」があり、こちらの書き出しは「伯備線の清─駅でおりてぶらぶらと川─村のほうへ歩いて来るひとりの青年があった。見たところ二十五、六、中肉中背─というよりはいくらか小柄な青年で、飛白の対の羽織と着物、それに縞の細い袴をはいているが、それも分からぬほどたるんでいるし、・・・つまり、その年頃の青年としては、おそろしく風采を構わぬ人物なのである。」とあり、探偵の金田一耕助が登場する場面となっている。

「トリックのある本格的な探偵小説としては我が国では初」、しかも、その膨大な語彙力（ごいりょく）については、日本歴代の作家の中でも随一クラスなのではないかとの評価も得ているとされ、広大かつ深遠な筋書きによって、実に多くの読者を獲得してきた。推理探偵小説の世界に止まらず、日本を代表する文学者の一人として国内外（こくないがい）において永く読み継がれていくことだろう。

272『岡山の歴史と岡山人』

岡山人（20世紀、三木行治）

三木行治（みきゆきはる、1903～1964）は、医師、官僚、次いで戦後の岡山県発展の基礎を築いた政治家である。人間的にも、なかなかにスケールの大きな人である。関連して、岡山県が水島臨海工業地帯に企業を誘致し、工業立県化を推進したのには、この間知事を務めたことでの積極姿勢があったことは、特記されてよい。その三木は、岡山市畑鮎に生まれた。岡山市立内山下高等小学校から岡山中学校、第六高等学校へとすすむ。1925年（大正14年）には、岡山医科大学に入学する。4年後に卒業して同学の副手となる。内科医として勤める。その後は、他分野でも可能性を試してみたいと考えたのだろうか、九州帝国大学法文学部に入り、政治学を学ぶ。1937年（昭和12年）には、医学博士となる。その2年後には、厚生省にはいる。法学士と医学博士の経歴の上、官僚にもなって最後のポストは厚生省公衆衛生局長であった。

それが、1951年（昭和26年）に48歳で岡山県知事に初当選する。革新系ということになっていたから、「三木のような、社会党が推す人間が知事になったら、中央とは直結しないから、一銭も補助はやらない、起債もならん」（吉田茂首相）ということにもなっていた模様ながら、一説には「勝敗を決したのは、三木が簡易保険健康相談所の医師時代、くまなく県内を回り診察し、培（つちか）ってきた三木の人格・人柄への信頼だといえるだろう」（猪木正実「三木行治の世界─桃太郎知事の奮闘記」岡山文庫、日本文教出版、2012）とされる。

それからの歩みは、連続当選4期で、1964年（昭和39年）に急逝するまで三木は知事であり続けた。とりわけ、三木が推進した時代の県南の工業化には、環境や治水といった後々の課題を残したプロジェクトが多かったものの、彼の非凡なところは、いわゆる「開発」志向一辺倒ではなくて、所得向上が伴わないといけないとしつつ、多方面に対話式の活動の領域を心掛けたところにあろう。ちなみに、当時の三木は、「岡山県農業は一戸当たり七反弱という耕地面積で、全国平均所得の八割、農家が51％を占めていたので、農業振興に努力したが、所得を増加するためには過剰人口問題が生じた」（1953年岡山県議会）とし、「そこで工業と商業の反映、いわゆる経済基盤の強化をやることになり、水島開発を決意」したと述べている。

とはいえ、「農業振興に努力したが、所得を増加するためには過剰人口問題が生じた」との下りにはどれ程の意味が込められているのか不明ながら、切羽詰まった気持ちでいたのかも知れない。かの孔子の言にも、「子曰く、利に放（よ）りて行えば、怨（うら）み多し」（「論語」巻2第4里仁篇12）とあって、それら「三木時代」に惹起した課題の解決は、彼の後からの県政に委ねられていく。ついては、その後の県内各地で相当に住民不在でしゃにむな工業化が推進されたことにより、こと岡山、倉敷といえば、公害を連想させるような現出したのは否めまい。そして、ひょっとしたら、それらの大元には三木の時代からの「ボタン」の掛け違いも少なからずあったのではないかと、推察されよう。

かくて、「私なき献身」を地（ぢ）で過ごした感のある、そんな政治家としての堂々たる姿勢に比較して、写真で三木の顔を見ると、ごつい感じなのだが、そればかりではない。豪放なところと繊細さをあわせ滲ませている。これを古代で言うと、英雄の相といったところか。つまり、なんだか「人なつっこい」風貌なのである。その柔らかな表情さながらに、「岡山県福祉計画」を樹立することで、子供や老人、社会的弱者の福祉に積極的に取り組んだ。同じく、かの孔子の言葉には、「剛毅木訥（ごうきぼくとつ）仁に近し」（同）というものがあって、戦後先駆けての人間味の溢（あふ）れる大型の人物だといえよう。また開眼運動を提唱し、アイバンクを設置した。そのことがあってか、東洋のノーベル賞といわれるマグサイ賞を受賞したことでも広く知られる。およそこのようにして、日本はおろか、世界レベルで見ても類の少ない、人々と苦楽をともにする政治スタイルをもった、誠に爽やかな政治家であったのではないか、偉大だ。

273『岡山の歴史と岡山人』

岡山人（20世紀、小谷善守）

小谷善守（こたによしもり、1930～1999）は、新聞記者、それにマスコミ関係の実業家、そして郷土史家である。津山市の生まれ。父親の勤務の関係で幼児期を神戸、東京で過ごす。1936年（昭和11年）の小学校入学時に津山に帰り、鉄砲町の津山城西教会に住む。ちなみに、同教会は、21世紀の現在においても、訪れて来る人を皆さんで実に優しく労り、なんだか居心地が良くなる、不思議な場所柄でもある。戦後の1948年（昭和23年）には、津山中学を卒業する。1952年（昭和27年）には、津山朝日新聞社に入社する。そして、いつの頃からか、歴史、特に郷土、中国地方の成り立ちから今日までを調べ、検討し、記述する作業を始める。1996年に津山朝日新聞社を退職してからは、財団法人山社会教育文化財団津山基督教図書館長、それに津山科学教育博物館理事を務める。

その内には、自らのライフワークの集大成に向かっていたのではないだろうか。記者の時代から勤め先の津山朝日新聞紙上に「峠」「木地師の道」「鉄（たたら）の道」「出雲街道」などを連載していく。そんな一連の著作群の中でもライフワークと言えるのが、「出雲街道」（全5巻）のシリーズであろう。なお、この5冊については、本人没後、関係者の努力に刊行されている。かかる大作では、変わりゆく現実に追われるかのような沿線地域の状況を、本線ばかりでなく、周りのあちらこちらにも足を伸ばし、古老などを尋ね歩いている。そういうことであるから、自宅には、写真も含めて、集めた資料・史料がうず高く積み上げられていたのではあるまいか。そんな興（きょう）に誘われては、旅する本人の息遣いまでもが迫ってくる、

参考までに、その一節には「旭川上流の高田（勝山）の川舟（高瀬舟）がいつごろまでさかのぼるのか。高田ー岡山間に高瀬舟が通ったのは、室町時代（1338～1573、足利氏が幕府を開いた時代）とする説もあ

るようだが、後の江戸期のような川舟通運ではなかったと思われる。先・三浦氏時代の旭川水運、特に高田－岡山の通運は分からないが、西岸の本郷から東の高田村（勝山の町）まで、旭川を渡るのは、川舟があったとも思われるが、一般の村人は、徒歩渡りだったに違いない。（中略）旭川の西岸は、旧本郷、三田、組、横部村（現在は勝山町）になり、南岸は、旧草加部村（現・久世町）。山を旭川に囲まれた狭い盆地だが、旭川東岸の大庭（おおば）郡内に入り込んでいるのが、真島郡高田村。ちなみに、東に続く旧久世村と同じように大庭郡になっていないのは、不思議だが、地形は、四方を山と旭川に囲まれ、独立している。大庭郡内に入り込んでいったのか、理由は不明だが、岡山・鳥取県の蒜山（ひるぜん）を源にする旭川、支流となる新庄川が合流し、北の村々の出入り口に当たる位置。北の物資の集散地であり、人々の往来のかなめだったに違いない」（小谷善守「出雲街道、活動・久世」第2巻、「出雲街道」刊行会、2000）」）とある。なお、文中に「先・三浦氏」というのは、14世紀に東国からこちらへ入ってきた、江戸時代の三浦氏とは異なる武士団をいう。

御覧のように、こちらは、単なる「旅日記」ということではない、それぞれの地域での歴史を取材して、それを元にして物語を構成しているのは、流石（さすが）新聞記者で慣らした人の筆であって、感嘆の他はない。それにしても全5巻というのは、圧倒的で、事「出雲街道」の案内にしては、最高峰クラスの文献となっているのではないだろうか。なお、他に「作州の道」全3巻が津山朝日新聞社から出版されていて、「出雲街道」の姉妹編かと想像している。

２７４『岡山の歴史と岡山人』

岡山人（20世紀、手塚亮、藤原雄）

手塚亮（てづかりょう、１９０５〜没年不祥、一説には１９９９）は、社会・労働運動家、そして詩人である。文学についていては、社会派、その中でも戦前の言葉で言えば、プロレタリア文学者の系統をいうのではないか。だとしたら、時代は元には戻らない、それにどこか土臭さが多々漂ううちに、働く者を題材にした歌の作詞家の役割さえこなす。だからして、今日の作家たちが、発想の真似をしようとしても、それは叶えられぬ夢物語なのかも知れない。

生まれたのは、東京市下谷津の下町だと伝わる。父は、牧師、母もクリスチャンである。生家は、不忍池の湖畔がふるさと、ということにもなろう。後年の本人いわく、「その日上野の杜は桜花らんまん、朝から花火が上がっていた。ただしぼくの誕生を祝ってではない。上野公園で乃木将軍の凱旋祝賀式の当日だった。（中略）このことを父から何度も聞かされた」由。やがて、名古屋で小学校に上がっている。一説によると、この間に父親の転勤があったのではないかとされる。それからは、１９２４年（大正13年）には、上京し上智大学に入学する。その時の地域への触れ込みは、ドイツ語をやろうというのものであったようだ。それから暫く時が経過すると、この青年は社会科学に目覚め、その影響により当日の言葉を用いるならば、「無産階級運動」へ参加する。迎えた１９２７年（昭和2年）には、いわゆる「昭和恐慌」が起きる。そうした時代の変わり目に学生をやめて、印刷工場の見習い工として働く、そのうちに持ち前の雄弁さや頭の回転の速さを買われて、日本労働評議会（全協）加盟の印刷工場の労働組合の委員長となる。

そんな波乱万丈な生活を送ってきている手塚なのだが、戦前・戦中の大いなる活動期のものから、戦後にその頃を振り返る、また美作に移ってからの新天地にて、ひいては１９８０年代位からの岡山詩人会議会員として、俗に「油の乗り切った」頃のものまで、かなりの幅広で考えてみたらいかがだろうか。いずれにせよ、個性の強烈な人であるからして、ここでは最初に、勇ましい「クレムリンの赤旗」から、珠玉の一品を以下にお目にかけよう。

「昭和初年／友人の大学生から／こんな話を聞いたことがある／クレムリンの塔のうえの赤旗は／風のない日でもいつも波うっているんだと／夜は夜で照明の中で泳いでいるんだと／コミンテルンの指導部は／万国の労働者の団結と勝利／その確信と不屈の闘志のために／朝夕インターのチャイムを響かせ／扇風機で風を送っているんだとも／クッペル・ホリゾント（注）に美しく翻る赤旗／ぼくは築地小劇場の舞台を連想した／扇風機仕掛けとは子どもっぽいが／こんな演出家がクレムリンにいるとはにくい／いつか　モスクワを訪れる機会があったら／このからくり効果は見て帰りたいものだが／レーニン廟の長蛇の列だけはごめんだ／銅像崇拝・人間性抹殺の迷演出／イリッチの遺体はクループスカヤへだ／クレムリンの塔で泳ぎつづけた七十四年間／鎌とハンマーのあの赤旗は／居心地の悪さを嘆いたことはなかったか／元来その旗は一国で占有すべきものではない／全世界の被抑圧者解放の旗印なんだ／1991年夏／ついにその旗も／クレムリンの塔からおろされる時が来たTVの映像に／ぼくは目を凝らした／ぬっと痩せた右腕が屋根裏から伸びて／しぼんだ旗をつかんで消えた／歴史的瞬間はあっけなく／札砲も寺院の弔鐘も群衆の叫喚も聞こえず／日常生活／ホンのひとこまの／キャベツの葉っぱ一枚／むしり取ったほどの演技だった」（「道標」65号、1992．5）
（注）クッペル・ホリゾントというのは、舞台後方の丸くふくらんだ壁のこと。とはいえ、これに該当するのは、当時日本では築地小劇場しかなかったと言われる。
それから、手触りの感じられる作品としては、「どじょうの歌」や「水平運動」などに取材したものが相当に書かれていて、その朗らかで温和な人柄とともに、如何にも行動派の詩人として多くの人を惹き付けてやまなかった、郷土における愛すべき隣人であろう。

藤原雄（ふじわらゆう、1932～2001）は、陶芸家だ。和気郡伊里村穂波（現在の備前市穂波）の生まれ。伊里高等小学校に次いで、県立閑谷高等学校にて学ぶ。1948年（昭和23年）には、新制閑谷高等学校に入学する。少年時代は、父の啓と同じく、文学や音楽にも興味を示したという。1951年（昭和26年）には、上京して明治大学文学部日本文学科に入学する。

1955年（昭和30年）に大学を卒業すると、出版社のみすず書房に就職して、雑誌記者を務める。ところが、父の病気を看病するため、休職し、故郷に帰る。やがて父が全快すると、その父に師事する道を選ぶ。そのきっかけとなったのは何だったろうかというと、小山富士夫（中国陶磁器研究の大家で陶芸家、1900～1975）から「備前へ帰って備前の土になれ」と言われたという。それと、料理のための陶芸家で知られる北大路魯山人（きたおおじろさんじん、幅広くの芸術家、食通家でもある、1883～1959）の影響があるという。

あまたの備前焼の作家の中でも、その中でも進化が際立っている作家ではないだろうか。とりわけ、作陶にあたっての姿勢が一般人にもわかりやすいことで定評があり、「単純・明快・豪放」をモットーとしたことでは、人後に落ちないようだ。エネルギッシュな若い時から、中期、そして円熟期というように、作品の種類としては、徳利などの壺、鉢が中心であろうか、酒杯や盃など。食器もこなした。その形態から受ける印象としては、それらのいづれにおいても丸みが強調されている。おおらかな口から首にかけての造り。まん丸狸のような胴。さらに、スケールの大きなレリーフやオブジェも造る。なるほどに、例えば徳利には、赤焼けの夕日を感じさせられる。酔っぱらっている表情とも感想が寄せられるほど。1972年（昭和47年）からは、展覧会への発表作をシリーズものとして出品した。それでいて、「百壺展」や「徳利とくり展」、それに「百花展」「百鉢展」、さらに大型レリーフという具合に、自由自在と言うか、それに豪華さを売りにするのではない作陶を貫く。1980年（昭和55年）には、県指定重要無形文化財保持者になるも、あれだけに国際的に名が知られるようになってからも、「備前焼は花を生ければ花を、料理を盛れば料理を、自分を捨てて、引き立たせようとするひたむきな献身の美しさをもっていると言われますが」（藤原雄・藤原紀美子「備前折折」求龍堂、1990）などと、それで生き方を変えることはなく、あの柔らかな眼差しで、そして普段着の言葉を用いても存分に自分というものを表現して過ごそうとしたのは、並大抵の努力ではなかろう、偉大だ。

275『岡山の歴史と岡山人』

岡山人（20～21世紀、水野晴郎）

水野晴郎（みずの　はるお、1931～－2008）は、映画評論家、映画監督、タレント、それに倉敷芸術科学大学教授、大阪芸術大学客員教授と、かなり多くの肩書きをもつ。高梁市の生まれ。本名は水野和夫（みずのかずお）という。2歳の時からは、日本が占領していた「満州」（現在の中国北部）で育つ。日本の敗戦後は、一家で故郷の岡山県に引き揚げる。多感な少年期にさしかかると、岡山から姫路、神戸、そして大阪まで出かけて映画館に通い、知識を我がものにしていったようだ。この間、随分な行動力である。その後は、慶應義塾大学に入学する。そして、同大学卒業後はいったん郵便局に就職するのだが、かねてから映画の魅力に魅かれていたのが、ここに至ってさらに「熱烈さ」が高じたようであって、個々の映画を楽しむのみならず、淀川長治の立ち上げた「映画の友」友の会に参加したりして、映画の世界を目指す。

それからは、20世紀フォックス映画の映画宣伝部を振り出しに、仕事にめり込んでいく。やがて、日本ユナイテッドに才能を見込まれ、引き抜かれて宣伝総支配人となる。その間に、数々の洋画の邦題を考案したというから、それまでに余程その実力が養われていたのだろう。1972年（昭和47年）には、ユナイテッドを退社して独立する。映画雑誌に映画評を執筆するとともに、テレビの映画解説でお馴染みとなる。かたや読者におかれても、本人がテレビの「ロードショー」などの冒頭において、あのふっくらした顔、見るからにちょび髭、そしてさわやかな口調での語りを、一度位は観た方は数多いのではあるまいか。

親しみを込めた、その独特のキャラクターが広く受けて、タレントや俳優としても活躍していく。それからも、本人としては、映画解説の延長であったのかどうか、映画『シベリア超特急』シリーズを持っての監督もしていく。と、ここまで来ると、当時、西部劇などに痛く感動していた筆者などは、もう「晴郎先生」と呼ぶことにもなってしまっていたのではないだろうか、およそそういう流れを通しての水野その人への最大の印象としては、やっぱり、あの流暢かつ独特な雰囲気を醸し出す語り口、その中でも締め台詞の「いやぁ、映画って本当にいいもんですねぇ〜」とかなんとか云々にあるのではなかろうか。およそこのような運びにて、この国においては淀川長春とともに映画解説の双壁と言ってよいだろう、かかる方面での偉大な国民的映画人として、これからも映画館やテレビを通じてのリバイバルや関連の催しなどで、広範囲な映画愛好家に大いに親しまれていくことだろう。

２７６『岡山の歴史と岡山人』

岡山人（20世紀、神谷美恵子）

神谷美恵子（かみやみえこ、１９１４～１９７９）は、医師であるとともに、教育者である。岡山市において、前田多門・房子の長女として生れる。その後は、ジュネーブのジャンジャック・ルソー教育研究所付属小学校、ジュネーブ国際学校、自由学園、さらに、そこから帰国しての成城高等女学校で学ぶ。１９３５年（昭和10年）に、津田英学塾を卒業すると、コロンビア大学に留学する。１９４４年（昭和19年）には、東京女子医学専門学校を卒業する。同年、東京帝国大学医学部精神科に移って研究に従事する。その後、１９５２年（昭和27年）には大阪大学医学部精神科に研究生として入る。１９５４年（昭和29年）には、神戸女学院大学助教授に就任する。

１９５７年（昭和32年）には、長島愛生園の非常勤職員となる。これに至るまでには、学生時代の神谷は多摩全生園聖書研究会にオルガン奏者として参加して関わるなどしている。そうしたことも本人の心に寄与することで、ハンセン病患者のために働くことを決意したようである。以降、１９７２年（昭和47年）に体調を崩して退職するまで、同学園の精神科医師を務める。１９６０年（昭和35年）には、大阪大学より「らいに関する精神医学的研究」により医学博士の学位を得る。同年から１９６４年（昭和39年）まで神戸女学院大学教授を務める。１９６３年（昭和38年）には津田塾大学教授となり、以降１９７６年（昭和51年）まで務める。どうやら、そうした切磋琢磨な、休みない活動のために、体の無理が重なっていったのではないだろうか。１９７２年から１９７６年にかけて長島愛生園精神科医師、次いで津田塾大学教授を辞任したのは、健康問題があったからで、厳しい選択であったことだろう。

こうした医業を中心とした類稀な働きとともに、神谷の偉大な功績とされるのが、著作活動を中心とする社会啓蒙活動なのだろう。それらは、信仰告白から人生論（エッセイ）に至るまで幅広い。訳書ということで、かのローマの哲人にして皇帝・マルクス・アウレリウスの「自省録」を始め、ヴァージニア・ウルフ「ある作家の手記」、ミッシェル・フーコー「臨床医学の誕生」などの翻訳を手掛けた。また人生論の領域では、「人間をみつめて」など珠玉の作品を執筆している。

ついては、ここでは哲学的なとも受け止めることができそうな下りを一つ、紹介してみたい。それには、「かりにある人の一生が、ただ苦しみを感じるだけに終始したとしても、あるいはただ、「廃人」で終わったとしても、その人の生がかけがえのないものである、という視点もありうる。その視点とは、「永遠の相のもとに」人間を眺めるまなざしであろう。このまなざしのもとで各人の歴史的時間に意味と役割とが与えられているとすれば、ある人が主観的に生きがいを感じるか感じないかは、そうたいした問題ではなくなる。これはまたあとで考えてみたい。いずれにせよ、「生きがい感」をつかまえようとして、またはこれをたしかめようとして、あまりにやっきとなると、かえって生きがいは指の間をすべりぬけていってしまうものではないだろうか。むしろ生きがい感とは、人生の途上で、時たま期せずして与えられる恩恵のようなものではなかろうか。（神谷美恵子「人間をみつめて」河出書房新社、２０１４年版より引用）

このように神谷の眼差しはあくまで真っ直ぐであり、人生一般を振り返り、かつ遥か前方まで見通しうる胆力を備えていた、やや大袈裟に聞こえるかも知れないものの、これまでの日本の歴史を総覧する中でも、第一級の哲学者にして、幅広くの世界人類を相手にしての啓蒙思想家であるように感じられる。

277『岡山の歴史と岡山人』

岡山人（20世紀、斎藤真一）

斎藤真一（さいとうしんいち、1922～1994）は、異色の画風を持つ洋画家、そして美術評論家で知られる。児島郡味野町（現在の倉敷市児島味野）の生まれ。都山流尺八師範の父・斎藤藤太郎。母・益の地長男として生まれる。1935年（昭和10年）に、岡山県立天城中学校に入学する。その在学中は、味野から峠を越えて天城（あまぎ）までほぼ3里半の道のりを、自転車を利用して通っていたというから、かなりの忍耐力が養われたことだろう。

もう一つ、この在学中に、グレコ、セガンチニなどの西洋絵画、日本人画家では藤田嗣治（ふじたつぐはる、1886～1968）の複製画になどに触れ、大いに関心を持ったらしい。どうやら、ここまで既に絵に天性の才能を持って生まれていたかのように感じられる。を続いての1940年（昭和15年）、同校を卒業して、岡山師範第2部に進む。この在学中の2年間は、斎藤にとっては、将来画業を行っていくための準備期間でもあったようで、同類の仲間とともにデッサンに励んだと伝わる。迎えた1942年（昭和17年）には、念願の東京美術学校（現在の東京芸術大学）師範科に入学することができた。

ところが、である。赤紙が来て召集され、学徒出陣の扱いにて海軍に入営する。3年の従軍で、敗戦となり、帰国する。やっと自由な生き方をつかんだ1948年（昭和23年）には、東京美術学校を卒業する。そして、静岡第一中学校の教諭となる。第4回の日展に初入選を果たす。その翌年に、郷里の味野中学校に転任し、ここで結婚する。1950年（昭和25年）には、岡山県立天城高校の非常勤の教師、それからも1953年（昭和28年）には移転して、今度は静岡県立伊東高等学校の教職に就く。このように、何かとあわただしい数年間を振り返り、何を考えていたのだろうか。そのうちに、「その時」が来たのだろう、同校を退職し、妻・悦子と息子を日本に残して、1959年（昭和34年）になると、フランスに私費を投じて留学する、現地では藤田らと親交を結ぶ。他にも、およそ40日もかけてイタリア自動車旅行を敢行したりして、結構楽しんでいる。

迎えた1962年（昭和37年）頃には、独自の基準で描きたいものを見つけたようだ。とりわけ、「瞽女（ごぜ）」にひかれる。それからは、盲目の女性旅芸人を描く。彼女らは、津軽地方の三味線を弾き語る。あの高橋竹山（たかはしちくざん）のような激しい曲調が。やがて、18年間勤めた伊東高校を退職し、画業に打ち込んでいく。その頃には、既に斎藤の独特の画風が世間にかなりの程度知られるようになっていたようである。さらに、関心は瞽女から明治期の遊廓（ゆうかく）の女性へと題材は深まっていく。母の知り合いで同郷の倉敷出身の女性が花魁だったことが、その扉を開いたという。

1985年（昭和60年）には、「明治吉原細見記」と「絵草子吉原炎上」を発表する。これら2作が、五社英雄監督の映画「吉原炎上」（東映株式会社）の原作となり、一躍有名画家の仲間入りをする。これらに関連しての「西津軽の街道」（1988）には、厳しい自然での掟（おきて）のようなものを感じる。同時に、いわゆる「画文」も数多く発表していく。いわば、美術界の二刀流といったところか、それでいて、本業の絵描きの方は、天才肌と称されるのだから、本人としても相当に心地が良く、かつまた油が乗り切って来ていたのではないだろうか、そのどれもが初めて垣間見るような斬新さであって、しかも人間の本質に迫っている。元来、時空を超えては存在できない私たちであるものの、描かれている者たちはその制約を感じさせない姿で私たちに寄り添ってくれている、そんなこんなの評判から、海外においてもファンが多い、日本の画家の中では藤田など数人とともにトップクラスの国際派画家として名高い。

２７８『岡山の歴史と岡山人』

岡山人（20世紀、久原濤子）

久原濤子（くはらなみこ、１９０６～１９９４）は、彫刻家である。久原茂良（くはらもりょう、久原洪哉の二男）の4女として津山の二階町（現在の津山市二階町）に生まれる。久原家は、初代甫雲良賢から代々蘭方外科医として津山藩に仕える。参考までに、その良賢は１６７７年（延宝5年）に当時幕府の医官でぁった西玄甫から、「阿蘭陀流外科免許状」を受け、その後の１７０８年（宝永5年）から幕末まで津山藩医を務めていたとされる。

そんな医家の伝統下に育ったのであろう濤子については、いつ頃から芸術関係に興味を持ったのだろうか。当時の津山の子供たちの大半が経済的理由から上級学校へ行くのがかなわなかった時期、久原家はそれらよりは恵まれていたようだ。１９２４年（大正13年）に津山高等女学校を卒業すると、美術を本格的に学ぼうとしたようだ。１９２９年（昭和4年）には東京へ行き、彫刻家の北村西望に学ぶ。そして１９３１年（昭和6年）には、帝国美術院展覧会に出品した「男の首」が女性として初入選を果たす。なお、現在のこの彫刻（頭身部分のみでできている）は、津山市郷土博物館（旧津山市役所、津山市山下にある）の玄関前の露天にさりげなく設置されていて、間近で拝見すると、なかなかに鋭い表情をしている。以後、あれやこれやの対象を眺めては、精力的に創作を行い、各種展覧会に出費していく。１９５５年（昭和30年）には、師匠・西望の「長崎平和祈念像」製作にあっては、助手の一人として参加した模様だ。１９７０年代半ばには、津山に帰郷。二階町の自宅で創作活動を続ける。

日本最初の彫刻家の一人としての作品は少なくとも30数点はあるようだが、後に遺族から津山市に寄贈されたものが多いと伝わる。そんな弛まぬ創作活動で貫いた彼女の代表作と目されるのは、何であろうか。例えば、渋みのある面持ちをさらけ出している「箕作阮甫（みつくりげんぼ）先生」胸像であろうか、それとも「わんてえか」像（1975、津山市の児童公園）や「星座」像（1983、同市中央公園）、羽ばたき（1976、平塚市立花水小学校）といった子供たちの連帯感の溢れる作品群、もしくは様々なポーズで落ち着いた感じのする裸婦像を挙げるべきなのだろうか。

279『岡山の歴史と岡山人』

岡山人（20世紀、太田薫）

太田薫（おおたかおる、1912～1998）は、労働運動家で、戦後労働運動の旗手である日本労働総評議会の議長を務めた、言うならば往時の「労働界のトップ」（事務局長の岩井章（いわいあきら）とともに）を歴任した人である。津山市川崎の萩尾屋という薬局を営む父・正次、母・徳の二男の間の二男として生まれる。正次は、家業により作州界隈の医師に薬品を卸す傍ら、市中の貧しい人たちに時には格安で薬品を融通していたらしい。何しろ、幼年時代から活発であったようであり、林田（はいだ）小学校から旧制の津山中学校へと進む。同校を卒業して、第六高等学校に通う。それからは、大阪大学工学部に入学する。

そして同学を卒業すると、大日本特許肥料を経て、宇部窒素（現在の宇部興産）に入る。そうして順調なサラリーマン生活を歩み、課長となるも、時代が彼を放っておかなかった。経営陣から従業員組合を結成するよう命じられる。その後押しで、１９４６年（昭和21年）には、初代労働組合長となる。ところが、しばらくすると、会社側のあてが外れる。頭脳明晰で雄弁、行動力抜群が、労働者側に立つにいたる。

１９５０年（昭和25年）には、上京して、仲間とともに合成化学産業労働組合連合会（合化労連）を結成するが（1979.2まで委員長）。そして、総評（日本労働組合総評議会）に合化労連が参加する。それに加えて、中央労働委員も務める。その総評では、当時の日本共産党の路線を否定し、日本社会党を中心とした労働運動を目指す。ここで特記すべきは、講和問題が焦点になった第2回の総評大会において「平和4原則」（全面講和・軍事基地提供反対・中立堅持・再軍備反対）を採択したのが、当時としては相当に大きな飛躍であったろう。１９５５年（昭和30年）には、左旋回を強める高野実総評事務局長に対抗し、国鉄の労働組合から岩井（前述）が総評事務局長に立つ。岩井が就任すると同時に副議長となる。ダミ声でまくしたてる、それが「太田ラッパ」と呼ばれる。１９５８年（昭和33年）には、総評議長となる。それからは、太田と岩井がコンビで、革新を興していく。１９６０年(昭和35年)の三井三池・安保闘争を指揮する。

１９６４年（昭和39年）の「春闘」では、池田勇人（いけだはやと）首相とのトップ会談で賃金引上げを認めさせた。この会談では、一説では「民間並みの賃金をだしてほしい」とする太田に対して、池田は「そう努力しましょう」ということで、一分間位で「けりがついた」形だという。これ以降、経済闘争に力点を置いた春闘方式を定着させるのに成功する。１９６６年（昭和41年）に、同議長を辞任する。その活動の全盛期には、例えば、「総評議長の肩には４５０万人の信頼と期待がずっしりとかかっている。彼はその呼び声にこたえ、全国を歩く。春闘、さらにボーナス闘争と、その赴くところどこでもすぐ話し合いの場になる」（「文藝春秋」１９６４年5月号に所収の「日本の顔」）と評される。そして迎えた１９７９年（昭和54年）4月の東京都知事選挙に立候補するも、敗れる。それからは、それまでの大所高所からというよりは、東京の調布市に住む一市民・国民としての発言もしていく。具体的には、折からの構造不況に際しては、太田は「失業者の痛みを知れ」的な動きもしていて、将来持ち合わせている、権力への「反骨精神」を垣間見せたと、前向きの評価を勝ち得ている。

280『岡山の歴史と岡山人』

岡山人（20世紀、金重道明）

金重道明（かねしげみちあき、1934～1995）は、陶芸家である。備前市伊部（いんべ）、金重陶陽の長男として生まれる。これは想像だが、幼い頃から、陶芸が身近で行われているのを目にして、かつ親しんでいたのかも知れない。1950年代半（なか）ばには、金沢美術大学工芸科を卒業する。それからは、「控えめで物静かな人柄」との世評ながらも、陶芸を生涯の道として踏み出したのであろうか、一時は伝統からの脱却を目指して「不安定なフォルムやオブジェを制作していた」ものの、そのうち陶土と窯変の研究に立ち返った模様だ。1957年（昭和32年）には、「朝日現代陶芸展」初入選を果たす。1958年（昭和33年）には、「日展」に入選する。1960年（昭和35年）には渡米し、翌年2月に帰国する。その辺り、早くから国外からの刺激なり、あるいは自分の求める焼き物像を求めていたのではないだろうか。

１９６４年（昭和39年）には、「日本伝統工芸展」入選。4年後には、日本工芸会正会員となる。１９７１年には、第3回金重陶陽賞を受賞。日本橋高島屋にて、「第二回金重道明展」を開催する。そして、１９７６年（昭和51年）には、東ドイツにて開催の「日本の陶磁名品展」に出品する。１９８０年（昭和55年）には、日本陶磁協会賞を受ける。１９８３年（昭和58年）には、米国スミソニアン美術館「備前の名陶その源流から現代まで」に出品する。１９８４年（昭和59年）には、西ドイツ国内巡回開催の「土と炎　現代日本の伝統陶芸展」に出品する。そして迎えた１９８５年（昭和60年）には、岡山、福山天満屋、東京高島屋にて「作陶30年記念展」を開催する。

その作風には、釉薬（ゆうやく）を使わない分、「窯変」（胡麻、火だすきなど：わかりやすい解説としては、例えば岡山理科大学「岡山学」研究会「備前焼を科学する」吉備人出版、２００２が手頃か）の妙を総合的に最適にしたいとの欲求がなせる技（わざ）のいうことなのか、全くの私見ながら、そこに何かしらの深淵さが感じられ、それが人間以前を意味するものとも通じているのではないだろうか。外見としては、花入れ、鉢、酒呑、徳利などながら、これらにおいては、「哲学」までもが窺える。さらに、幾何学的な造形の鉢（はち）などを手掛け、海外の展覧会にも出品していたとのことであり、自らの技術に幅をもたせ、新たな工夫を加えようとしていたのではないだろうか。そして、それらと並行していうことであろうか、日本の陶芸界での立ち位置についても、１９６９年（昭和44年）には、日本工芸会正会員となり、その翌年には金重陶陽賞を受賞している。次いで、１９７３年（昭和48年）には、一水会陶芸部医院に推挙される。１９８０年（昭和55年）には、日本陶芸協会賞を受賞する。そして、それらの上に立っての１９９０年には、岡山県重要無形文化財に認定されている。

281『岡山の歴史と岡山人』

岡山人（20～21世紀、藤澤人牛）

藤澤人牛（ふじさわじんぎゅう、1925～2008）は、備中の玉島黒崎（現在の玉島市黒崎）出身の日本画家である。名前は、樹（たつる）という。金光中学校（現在の金光学園）に通う。

やがて、朝鮮に渡って設計の仕事、次いで軍に召集される。戦後になっての22歳の時に、岡山県美術展で「合同新聞社賞」を受賞する。伝わるところでは、独学にて、特定の師匠を持たなかったにも関わらず、画業で生きていく決意が読み取れよう。それからは、自分の画業を解き放つ試みを重ねていく。55歳の時には、中学校の美術教師を離れる。ようやく、大いなる自由を手にした気分であったろうか。それからは、東日本を中心に巡って、見聞を広める。およそ3年をかけての旅行を終える。中津渓谷の岩肌を描いた「渓谷」は有名だ。また中国へも、度々写生旅行に出かける。そこでの印象を、「桂林の夜明け」の六曲二双の屏風に仕上げている。

やがては、抽象画へ、それに陶芸などによる造形、立体的なオブジェの（いわゆる「立体作品」）制作へ向かう。絵については、箔（はく）を使い、時とともに消滅していく自然の妙を現わそうとしたものと察せされる。わけても、自然の造形を自分の頭の中で再構成して描くなど、工夫も独特のやり方であったのではないか。1995年には、京都で「物質の記憶」と題する個展を開く。その中では、白樺でコラージュされての作品などを、生み出していく。陶芸では、志野焼（しのやき、美濃焼の一種、釉薬の薄い部分にほんのり赤みがさしているのが特徴）による茶碗づくりで、もはや陶工の域というべきか。さらに晩年になると、その抽象画が進化を見せる。今度は墨を用いて、自身のその時々の心象をものにしていったみたいだ。「白と黒だけで人間の生死を表現してみたい」ということであったろうか。要するに、画家ならではの気ままな生き方を追及してきた。そんな自由奔放さが、また人を惹き付ける。その笑顔は、不思議な人間味を醸し出す。年来が、特別の画壇や派閥に無縁であったことも、そんな彼の生き方を支えた。

そうした本人の爽やかな生き方を考えるに、藤澤の人となりを紹介したブログなどを拝見するうちには、原動力というのは、「好きだから描いた、つくった」という話であるらしい。いうなれば、彼は陶芸家として在る前に、一人の人間として自分のことを繰り返し見つめていたのではないだろうか。例えば、かの雪舟や浦上玉堂のことを尊敬していて、一説には、彼らの絵においての空間の在り様などを学びの対象としていたようであり、その分野を超えた旺盛な研究心には驚かされる、偉大な心を持つ人であると思われる。他にも、１９７５年（昭和50年）から、岡山での日本画の審査員を務める。とはいえ、生涯にこれといった美術団体には属さなかったのは、やはり異色の人と言ったら良いだろう。それと、地元での絵画教室など後進、そして地域の人立ちの指導にも熱心であり、何かと微笑ましい話題の豊かな人生にて、大いに教えられよう。

２８２『岡山の歴史と岡山人』

岡山人（20～21世紀、河野磐、竹田喜之助、沼田曜一）

河野磐（こうのいわお、１９２０～２０１１）は、教育家にして画家、演劇家、さらに随筆家でもある。父の稲太郎は、医師である。現在の津山市勝間田町の生まれ。１９３２年（昭和7年）に、津山男子尋常高等小学校を卒業する。その頃までには、母ちかの影響で絵の道に興味をもっていたようだ。１９３７年（昭和12年）には、津山中学校（現在の津山高等学校）を卒業する。それから京都に出て、１９４１年（昭和16年）には、国立京都高等工芸学校（現在の京都工芸繊維大学）を卒業する。その翌年には、美作高等女学校、津山女子商業高校での教職を得る。

戦時中には、軍に召集される。中国の戦地でのそれからのことは、現在までのところつまびらかでないものの、追って「北支山西省から河北省へ。万里の長城で終戦を知る。蒙古自治政府宣北省延慶縣察哈爾省八達嶺の警備を終え、その年の暮れ津山に帰着」（「俘虜（ふりょ）」）というのが、本人の述懐だ。なお、戦争末期から日本に復員する日（1944．8．12～1945．12．10）までは、「云（い）わば何かの俘虜（ふりょ）になっていた期間」との由。ちなみに、後年、その頃を振り返っての「ふとしたことから残務整理の人員に加えられた我々二中隊の十数名が第三梯団として復員の喜びに夢中になって急ぎ豊台（現在の北京市の城区六区の一つ）に到着したのは真暗の夜、第一、二梯団に合流すべきを当然と思った我々は、ここに明らかに負けた国としての、しかも俘虜としての「現実」がせまっていたことを知ったのです」としている辺り、河野の実直な人柄までもがにじみ出ているのではないか。

1948年（昭和23年）の学制改革により、岡山県美作高等学校、岡山県美作中学校の教諭となる。1951年（昭和26年）には、これを退職し、東京に移住する。友人に誘われ、東京チャペル・センターで働く。その頃からだろうか、フリーデザイナーをして、生活を支えていたようである。そして迎えた1968年（昭和43年）には、帰郷して、美作女子大学と美作短期大学の教授に就任する。

それからは、自由な画家組織の東光会に所属して、大作を次々に手掛けていく（日展や東光展に出品し、入選した後は、東光展に的を絞ったかのよう）。同会の審査員にも就任して、後進の指導にも当たる。1990年には、同大学を 定年退職し名誉教授となる。それからは、引き続いて画業に励むとともに、津山市に津山郷愁のスケッチ55作（津山市のホームページでの紹介あり）を寄贈、また作州城東屋敷に襖絵を描くなど、地域文化の向上に寄与して過ごす。さらには、同大学の名誉教授とは異なる立場での教育者としても、引き続いて取り組んでゆく。その画業のうち意外と知られていないと感じるのは、前述の「河野磐・スケッチ画集」と銘打ってのシリーズ本のうち、「野よ山よ海よ旅よ」、「人形」、それから「俘虜（ふりょ）」（前述）といった、その時々の模様を伝える作品においては、自然体（さらり風）の文章が添えてある、このようにして、すべからく河野の偉大さというのは、画家の枠をいささかはみ出したかのような明るさ、それを支える温かさにあるのではないだろうか。わけても、同学在職中から、演劇部活動で若者を引き付けた。その場での座長役さえ厭わず、それからの教え子は、津山地域では津山高専生などにも広がっていく。おかげで、自宅には来客が極めて多くあり、そこを訪れる皆を分け隔てなく迎え入れていた。しかも、相手を見下ろすのではなく、親しげに寄り添って演劇を語り、教える。例えば、ロシアのゴーリキー作「どん底」上演の際には、筆者も周辺の「浮浪者」役を体験させてもらったことがある。その折にも感じたことなのだが、何しろほとんど無類と断言してよいだろう、温かい人格にして、大層驚いた。その数奇な人生行路の中でも失うことなく、そして徹底していたのは、まるで相手が友達であるかのような接し様であったであろうから、彼に出会う皆が慕い、また外部から自然と人が集まって来るについては、不思議ではなかろう。

そういえば、現在の河野美術館に入ると、絵の展示室に入る前の正面に、おそらくは河野が手作りしての西洋人形（前述）が並んでいて、こぞって「よく来たね」と迎えてくれるかのよう（筆者がそれらの人形に相まみえた最初は、津山工業高専に在学の時、椿高下の河野宅に仲間と共に出入りさせてもらっていた頃、「こんな美意識を持っている人が居るんだなあ」と大層驚いた）。彼女たちの鮮やかな色彩美がつとに感じられよう。没後2年を経て開催された個展では、「描いた風景は暖かくて心が和むものでした。また、存在感のある映画のポスターや演劇のポスターなどが並んでいる」という賛辞が寄せられる。その画業もさることながら、人間的にも卓越した、偉大な人であるに違いない。

竹田喜之助（たけだきのすけ、1923～1979）は、人形師だ。それも、この仕事（広義）においては色々と幅があって、単に人形をつくる（制作）にとどまらず、それを舞台にのせた時の舞台衣装デザインと操作そのもの、さらに人形劇の脚本なども手掛けるのだというから、驚きだ。邑久（おく）郡（現在の瀬戸内市邑久町）の生まれ。本名は、岡本隆郎（おかもとたかお）といい、家柄は呉服商で、大店の長男に生まれたことから、この辺りでは経済的に恵まれた環境であろう。幼年時代から小学校（現在の瀬戸内市邑久小学校）にはは や文楽（ぶんらく）が好きであったようで、ならば人形にも応分の関心を持ったものと察せられよう。一方、絵の方も眺め、描くのも好んだというから、画家になる夢も膨らむ程度であったのかどうか。岡山第一中学校（現在の県立朝日高校）で学ぶ。卒業後は、第六高等学校（現在の岡山大学）に進んだのだが、それにも満足ならずに東京帝国大学（現在の東京大学）工学部航空工学科へと、その頃には理工家系の頭となっていたのだろうか、なかなかに興味深いストーリー（展開）だ。

ところが、戦後の1950年（昭和25年）には、人生の転機がやってくる。どういう次第なのか、結城孫太郎（のちの竹田三之助一座）の公演に魅せられたと伝わる、何しろ300年の伝統に裏付けされた人形劇の上演なので、歌舞伎のように大立ち回りがあるわけではなく、差し当たりのイメージとしては、テレビで中国の「三国志演義」のドラマをしていた、あるいは「ひょっこりひょうたん島」や「サンダーバード」などを思い浮かべたらよいだろうか、それは兎も角、彼はその見事さに取りつかれたものと察せられよう。と、そこからは彼なりの驀進（ばくしん）があったらしく、何と学ぶだけでは足らずに一座に入座したというから、驚きだ。それからは、努力の日々であったのだろう、やがて結城糸城三を名乗るまでの腕前となる。1955年（昭和30年）4月には、竹田人形座の発足に合わせて、自身も竹田喜之助と名乗る、3月には、東京都指定無形文化財に認定されていたというから、もはや一座のリード役ともなっていた。というからには、人生においては何が起こるか分からないを、地で言った感があろう。

それからは、この道をひたすらに歩んでいった感があろう。その芸の結実の過程としては、1960年代からは「雪ん子」や「つるの笛」「明治はるあき」といった上演作品にて、NHKや文部省などの優秀賞を受賞していく。いつしかその類の話は海外へも伝わり、1970年代に入るとヨーロッパやアフリカ、アメリカなどへも、公演と各地の人形劇団との交流に出かけていく、「喜之助人形」（命名は作家・安藤鶴夫と伝わる）もまた、不動の評判を得ていく。特に、糸操り人形の制作に機械工学の技術を導入した一方、使用材料にも古風を施した、その成果はバランスのとれた動きと、仕掛けを小型化することでの機敏さ、造形美にも定評があるとのことであり、そうした意味では人形に「新しい命を吹き込んだ」とも言われる。

ところが、あろうことか、1979年（昭和54年）8月31日には、北海道公園の稽古を終えての、バイクを運転しての帰路途中に事故に遭って、不帰の人になったというから、本人及び周りの人たちは予想だにしていなかったことであろう。かくて、日本の国内外での人形芸術の中興の祖として、ひた向きに歩んだ点また点が結びついて一筋の道になってその人ありということにもなっていく。1990年代に入ってからは、竹田人形の評判はますます高く、日本ウマ二名誉会員、世界人形劇連盟名誉会員となもなっていく。生涯に、約2600体に及ぶ人形を制作したともされていて、かつ「どの人形も彼の優しさ、温かさが映し出されている」との評価を得ている。そして、今なお彼の名前、そのおだやかで温かな人柄をも刻んでの人形劇が日本各地で活発に上演（地元での「喜之助フェスティバル」などを含め）されているとのこと、偉大な人生だ。

沼田曜一（ぬまたよういち、1924～2006）は、行動派の俳優だ。本籍地は真庭郡湯原村（現在の真庭市湯原）、出身地は大阪府とされ、本名は美甘正晴（みんもまさはる）という。1941年（昭和16年）に東京府立第六中学校（現在の都立新宿高等学校）を卒業。日本大学専門部芸術科（現在の日本大学芸術学部）の演劇科を中退（一説には、卒業とも）。本籍地の湯原で学徒出陣として招集され、遷喬小学校に集合、蒜山（ひるぜん）原の陸軍演習場にて演習に参加した経験を持つ。

戦後は、NHK大阪放送劇団研究生を経て、1947年（昭和22年）に東横映画（後の東映）に入社する。1950年（昭和25年）の「日本戦没学生の手記、きけ、わだつみの声」で、学徒士官を演じる。1953年

（昭和28年）に新東宝に移籍する。それからの俳優として携わった映画作品は134作に及ぶともされ、「きけ、わだつみの声」（1950）は学徒兵の物語だ。「わかれ雲」（1951）や「青が島の子供たち・女教師の記録」（1955）があるかと思えば、「地獄」（1960）や「明治天皇と日露大戦争」、「海女の化物屋敷」（1959）といった、おどろおどろしいものまであるというから、驚きだ。

そんな中での珍しい向きとしては、テレビのお茶の間にも顔を出していくのであって、例えばNHKテレビの「新夢千代日記」に出演したことがあろう。俳優の他にも、あれこれの顔を持っていて、語り部、著述家とかなり幅が広かろう。語り部としては、自信が主宰する語り部塾「東京民話街」で、あるいは故郷の湯原などを渡り歩いては民話をいろいろと採集し、それらを「愛と悲しみの民話劇場」（1979）に取りまとめては公演会場において説いて回る。その中では、「つつじ娘」のような、相手のひたむきな愛を負担に感じた男がその相手を突き放す悲劇もあろう。「あずきまんまの歌」では、文と絵を担当し、紙芝居風に「チヨという娘がそのあずきを食べたいとうわごとで言うので、その土地の地主の蔵に忍び込んで一掴みのあずきと米を盗んで食べさせたことを発端に、チヨは自分が作った「あずきまんまの歌」を歌ううちに父親の罪が明らかとなり、村人たちは大雨で川が決壊する恐れがでてきたことから、神の怒りを鎮めようと彼女の父親を人柱にしてしまい、と物語を進行させていく。

そんな中での著作としても独特の装いが感じられよう。その実は、「絵本おこりじぞう」「日本の妖怪ばなし」（1995）、「日本の笑いばなし」「日本の動物ばななは」「戦争、この悲しきもの」「伝承、この楽しきもの」「人間、この愛しきもの」などと、バラエティに富んでいよう。これらのうち山口勇子原作を元にした絵本「おこりじぞう」は四國五郎が挿絵を、沼田が語り文を担当していて、かつては教科書にも採用されていたという。広島市内にあった地蔵「わらいじぞう」は、柔和な顔立ちをして、周囲を和ませていたようだ。ところが、原爆が投下され、その下に被爆した少女が倒れていた、その「水が飲みたいよう」と絞り出す声が弱弱しくなるや、怒りに満ちた表情になり替わる。そして、地蔵が流した涙を口に含んだ少女が息絶えるというストーリーにて、後半にさしかかるにつれやや空想の領域が広がっていくかのよう。また、宮沢賢治原作「語り絵本もよだかの星」（映像「民話紙芝居」あり）は、沼田の絵に夫人の美甘雅子が語りを入れたものだというから、すべからく、大いなる夢をもって人々に語りかけたことでは、この国随一クラスの文化功労者ではないだろうか。

283『岡山の歴史と岡山人』

岡山人（20～21世紀、高塚省吾）

高塚省吾（たかつかせいご、1930～2007）は、洋画家にして、その画風は「濃密」で広く知られる。岡山市の生まれ。早くから、自らの絵の才能に目覚めていたようである。東京芸術大学に入る。洋画家の梅原龍三郎（うめはらりょうざぶろう）や林武、それに硲伊之助、久保守にも教えを受ける。1953年（昭和28年）には、同学の美術学部油科を卒業する。新東宝撮影所美術課に就職する。その勤務のかたわら「8人の会」を結成する。そして、個展を開く。

1955年（昭和30年）からは、映画美術やバレエの舞台美術、衣装のデザイン、台本の他、挿絵などの仕事をしていく。その頃の作の中では、「6つの意志」が有名だろう。とはいえ、1970年（昭和45年）頃までは、大概は裏方として働いていたようである。1970年代には、春陽堂版江戸川乱歩全集の表紙絵を担当するまでになっていたという。あれこれの生活上の苦心で、糊口（ここう）をしのいだとのと思われる。１９７６年（昭和51年）になると、「海」や「薔薇」、それに「白と黒」などの作品を発表する。その頃には、風景も肉体も写実的な表現に移行していて、高塚ならではの「新しい表現」を獲得したものと評されている。１９８０年（昭和55年）には、「高塚省吾素描集、おんな」を出版する、それには、リアルで繊細な裸婦が数多く並んでいる。例を挙げれば、「白昼夢」「ガウンを羽織る女」「月の光」などを観賞ありたい。１９８８年（昭和63年）には、田原良作に木彫と彫塑（ちょうそ）を学ぶ。それからも「まぶしい季節」（１９９６）など、その旺盛な創作意欲は晩年まで衰えなかったという。

その濃密な美人・裸婦画での人気は絶大で、歴代日本の中でも随一クラスだと評される。すなわち、それらは、生々しいリアリティーに満ちているにもかかわらず、「しどけなさ」やありきたりの「エロス」ともも違う、女性の美に体現された、何か「崇高なもの」さえ感じさせる。ちなみに、本人の弁には、「りんごを描くのと同じだよ」と答えていますが、正直に言いますと同じではありません。生身の女性の裸はやはりエロチックです。でもそれを意識の下に押し隠しながらりんごのように対処している矛盾が、描く方にも見る方にも面白いのだと思います」（高塚省吾「絵の話」芸術新潮社、１９９６）とあることから、飾り気の少ない、誠実な人格を持った作家のように察せられよう。

このようにして、彼の描いた裸婦は、以来、カレンダーやポストカードともなり、世の中に広く親しまれていく。そういえば、大衆雑誌でも度々あったようなのだ。珍しい話としては、１９７９年（昭和54年）に曹洞宗（そうとうしゅう）で受戒したという。我が国では広く知られているように、道元禅の修行には、命の「覚悟」さえもが要る（そのことは、例えば、ビデオ「永平寺」を視聴しても寒冷地での修行の何某か感じられよう）ともされていて、高塚の思う禅の道と美術のそれとがハイレベルのところでつながっていたのではないだろうか、なかなかに興味深い。

284『岡山の歴史と岡山人』

岡山人（20～21世紀、大森久雄）

大森久雄（おおもりひさお、1940～2015）は、教育者、社会運動家にして「郷土史家」でもある。高校在学時には、既に日本歴史の研究に携わろうと考えていたという。そのきっかけを知りたい。かかる意味では、勉強できなければ人生は切り開けない、との思いであったのだろうか。1962年（昭和37年）に、愛媛大学を卒業する。修（おさ）めた課程は、文理学部の人文学科史学課程とのことで、さぞかし充実した学生時代であったのではないか。教員となってからは、1963年（昭和38年）から1999年まで、岡山県立玉島高等学校において教鞭をとる。さりとて、大学教員や専門機関専門職と異なる身分に違いない。それだから、学問に振り向けることのできる時間を得るには、どう対処すればよいのか。いずれにしても、勉強、研究なりは、かなり制約されていたのではないだろうか。

そんな中でも、渋染一揆を中心テーマに選び、当時の岡山藩の財政状況などもふまえ、厳密な研究を行い、とりわけ、その背景そして社会への影響の全体を明らかにしようと努めた。この一揆の現代的意義については、「渋染一揆の背景には「世直し」をねがう幕末の広範な民衆運動があった。渋染一揆はその一環として闘われた。渋染一揆は穢多（えた）中下層百姓主張のもとに団結し、百姓と同じ扱いをせよとの平等要求をかかげ、上層判頭の指導のもとに村役人・目明しの妨害をこえて藩権力と対決する整然として強訴を成功させ、藩の差別法令を骨抜きにして勝利した」（大森久雄「概説・渋染一揆」岡山部落問題研究所、1992）と、彼らの行動を真正面から受け止めての、大いなる取りまとめを行っている。

大森はまた、学問の域よりより広い意味合いでの社会活動家としても、広く知られる。主には、1990年から2002年にかけては、岡山部落問題研究所の理事を務める。ほかにも、いつ頃からか、日中友好協会や人権研究センター、倉敷九条の会、岡山県歴史教育者協議会、倉敷の街並み保存など、その活動範囲は、大変広かったようだ。これらのうち倉敷の地元、伝統的な町並みが色濃く残る美観地区・本町通りの町屋に住み、そこからの歴代の人々の日常、やがては「備中倉敷学」までを考えてみたらしい。珍しいところでは、郷土の写真や、外国の本の翻訳なども手掛けたという。後者での、ナイトリーの「アラビアのロレンス」の翻訳（２００２）にも、興味を惹かれる。学問に向かっては、渋染一揆の地にある案内板にある説明の不正確さを指摘するあたり、やや重苦しい雰囲気もありがちな印象だが、こちらの方面では、かなり気さくな人柄が温かく感じられて、なんとも心地よい。

２８５『岡山の歴史と岡山人』

岡山人（19～21世紀、稲葉右二、近藤万太郎）

稲葉右二（いなばゆうじ、１９２８～２０１７）は、獣医師にして、獣医学の大学教官である。津山市の生まれ。１９４５年（昭和20年）には、地元の県立津山高等学校を卒業する、その頃までに自らの歩む道を見定めていたのだろうか、鳥取農林専門学校の獣医畜産科へ進む。その頃は、何しろ敗戦後もまもなくの時であったから、教官その他のその場で教育に携わる人も、学生も、「空腹にてひもじい」というか、双方でさぞかし苦労が重なったのではないか。それでも、ある年譜によると、１９４９年に卒業後は、農林省の家畜衛生試験場の研究員として働く。求めたのは、畜産を科学の立場から支え、発展されること。それからは、生来の研究気質というか、次々と業績を上げていく。

そのあたり、人間には、その体とそこから醸し出される情念とは、かなりの結びつきが往々にしてあるという。そうであるなら、どこかしら、「何事かなせ、なさざるべからず、生まれたる者は」（経済学者の櫛田民蔵の発した言葉として広く伝わる）といった信念も働いていたのかもしれない。あるいは、富や名声といった世間一般の観念とは一線を画した毎日であり続けた、まるで静かなる「匠（たくみ）」のような案配であったのかも知れない。

ここで再び年譜によると、そのともすれば地味だと考えられているだろう分野にて、例えば、「畜産農家に恐れられていた牛の伝染病「牛流行熱」「イバラキ病」「アカバネ病」の原因がアルボウイルスであることを突き詰め、診断法やワクチンを開発した」とあり、かのジェンナーの仕事などの偉業も頭をよぎる。その背景にあると見られているのは、地球規模での温室効果や異常気象などの気候変動の介在であって、その影響下での吸血昆虫の生息域の拡大であるとされている。１９７０年代には、約4万頭からの家畜がかかるウイルスに罹患したとされ、ワクチンの開発が至上課題となる。それからは、家畜衛生試験場製剤研究部長、日本ウイルス学会理事、日本大学生物資源科学部教授、獣医師免許審議会委員などを歴任したとあり、この分野での草分けの一人としてある。さらに、その頃の岡山、とりわけ美作の辺りは、畜産が盛んであったらしく、人々の情熱さえもが、今さらながら熱く感じられる。畜産とは地味な領域とも考えられようが、その人となりなども含め、さらなる紹介が待たれる人物である。

近藤万太郎（こんどうまんたろう、１８８３～１９４６）は、農学者だ。邑久郡豊田村（西大寺市を経て現在の岡山市東区）の生まれ。岡山中学を5年間で卒業し、第六高等学校から東京帝国大学農家大学へと進む。東京帝大大学院で種子学を専攻した。１９１０年（明治43年）にはドイツに留学し、ベルリン農科大などで学ぶ。そして、ホーヘン農科大学で品種の鑑定に関する論文を取りまとめる。１９１４年（大正3年）1月に帰国して倉敷に帰り、7月に大原奨農会評議員、同農業研究所の初代所長に就任する。また、穀物貯蔵に関する業績も理論と実用の両面から高く評価されている。1922年（大正11年）には、大日本農会から紅白綬有功章、さらに1927年（昭和2年）には農学会から農学賞（現在の日本農学賞）を授賞する。その後、1945年（昭和20年）に学士院会員に推挙される。その頃までに、所長として大原と相談しつつ、大原農研に学校との関連をもたせた農業専門学校を附設することを計画して、幾つかの大学と協議を進めていたという。ところが、1943年（昭和18年）に、最晩年の孫三郎らから、岡山に国立大学農学部を作る際の中核とする構想のもとに、岡山医科大学に農業研究所を寄付し、その附置研究所としたいとの内意が伝えられた。しかし、種々の事情で実現できない間に終戦を迎える。なお、その後の財団法人大原農業研究所は、1951〜52年（昭和26〜27年）に岡山大学に移管され、1953年に大学の附属研究所になった。著作に「日本農林種子学」「米穀の貯蔵」などがあり、種子及びその分野を中心に日本の農業学の基礎を築いた一人として伝わる。

286『岡山の歴史と岡山人』

岡山人（19〜21世紀、江草安彦、河本乙五郎、中川横太郎）

江草安彦（えぐさやすひこ、1926〜2015）は、医師、社会福祉家、それに教育者でもある。笠岡町（現在の笠岡市）の生まれ。父母の愛情を集めて、育ったことだろう。やがて、旧制広島県立福山誠之館中学校に入学する。そこを卒業すると、医科を志す。1950年（昭和25年）に、岡山医科大学付属医学専門部（略称は「岡山医専」）という、現在の岡山大学医学部）を卒業する。その翌年には、同部小児科学教室で働く。そのうちに、ある構想を抱く。それは、障害を背負った人々を医療でもって支えようというのだ。1951年（昭和26年）には、仲間とともに、中国四国地方初の重症心身障害児施設、旭川荘を開設する。

そんな医療やの実践を通して、障害者療育の実践研究を積み重ねる。それらとともに、医療と福祉の一体化の推進を考えていく。社会がかれらに寄り添っていく道を考え続けていたのだろうか。

１９８７年（昭和62年）には、重度障害者雇用事業所（有限会社・トモニー）の設立に参画する。やがて、その経験を基礎に、医学教育への福祉学の導入と福祉教育への医学の導入を探るべく、新しい学問分野である「医療福祉学」の体系化を進める。さらに、保健福祉人材の育成さらには国際交流に及ぶ広範な領域で優れた功績をあげる。１９９１年には、川崎医療福祉大学の学長になる。２００７年からは、学校法人旭川荘の理事長を務める。

こうした切磋琢磨の感のある江草なのだが、その名を不朽にさせている中には、やはりノーマライゼーション、それに上海市栄誉市民（高齢化福祉支援などで同市に貢献したことによる）に代表されるような分け隔てのない福祉増進への姿勢が特記されるべきだろう。それから、友人の川崎祐宣（「人間をつくる、体をつくる、医学をきわめる」を建学の理念と教育方針とする川崎医科グループの創立者）にとっての医師について語った言葉として、「医師は職業ではなく、生き方である」が伝わっている」としていて、医学思想的にも熟達していたと評される川崎に自らの抱くイメージを重ねて語ったものと察せられる、偉大な人生だ。

河本乙五郎（こうもとおとごろう、一説には１８９６～１９４４）は、岡山市議会議員3期務めたことを含め、広くは社会事業家であろう。豪商（肥料などの商いを広域で行うことにより財を成したという）で鳴らした岡山城下の灰屋・河本家の生まれ（10代目）。なので、いわゆる財政的には申し分のない家計とはいうものの、時代が明治に入ってから、家運は相当に陰りが出てきていたと察せられよう。幼す頃から少年時代にかけて手は、よく伝わっているとはいいがたかろう。その彼が社会への関心を示すきっかけとなったのには、どうやらキリスト教の影響があるらしい（安部磯雄が岡山協会の牧師を務めていた頃にキリスト教に入信した模様）。

やがて社会福祉の活動に入っていく乙五郎なのだが、その契機は1917年（大正6年）の岡山県による救世顧問制度の設立であったようだ。これの趣旨は、貧困を未然に防ぐ目的で、関係者に物心両面での支援を行うというものであって、1922年（大正11年）には、岡山市でも県に引き続いて託児所や公益浴場の設置や巡回産婆（さんば）、児童を対象とする健康相談などを行う。その事業において中心的な役割を果たすのが、救世顧問・救世委員であった。それと相俟って、石井十次の岡山孤児院やウィリアム・ペティ・アダムスの岡山博愛会の事業に協力、さらに岡山日曜学校校長をも務めていたようだ。そんな幅広の事業の内、乙五郎が特に関心をもったのは保育、その中でも託児所であったようで、こんなことを記している。

「家庭教育は母親より、しかして母親の教育は其子により、之（これ）を導き行くのである。之が私共の託児所を設け、先（ま）ず其純真なる心に最も善き人格者たる保母を通して力強き間感化を与え、子によりて家庭を善くせんとする所以である。之が細民町託児所の負へる最も大切に使命の一である。単に子を母の手より預かり、之を育て、其母に衣食の道を計らしむ手助けを為（な）し、之を以（も）って能事終れりとする託児所ありとすれば、之れ其大使命の半（はん）を放棄したものである。子を預る、しかして之を出発点として其家庭の相談相手となり、其家庭をして向上発達せしむ」（「連帯時報」第10巻11号、1930）云々。

これなどはもう現代においても精神的な部類に属する政策論であって、当時の社会への洞察が窺える。それはすなわち、当時の工場に付随しておかれていた託児所が相次いで設立・運営されていた。そうは言っても、その場合の母親なりは仕事を終えてからも大いなる力の消耗を強いられていたと考えたのであろうか。乙五郎は貧困家庭の母親が生活費を稼ぐ、その手助けというのみでは不十分だと見抜いていた。それだから、子供とその家族の全生活を見つめ、そのうえで必要となる生活改善の手立てを体系的に組み立てたいと考えていたようなのだ。さしあたっては、託児所内に母の会をおいて母親への支援。教育も同時に行うこと、それはかかる子供の過程の全生活を向上させていく一助を、社会事業として展開しようと考えたようだ。

そうは言っても、現実はそううまく運ばせることはなかなかにできなかったようだ。迎えた１９２５年（大正14年）に乙五郎らの努力の甲斐あって旭託児所は開設したものの、14坪の敷地に粗末な家屋といった案配にて、とても胸を張って理想を述べることはできなかった。それでもかかる目標を掲げての努力は続いていく。１９３３年（昭和8年）には岡山救世協会善隣館が設立され、同託児所も移転し、医師による健康診断も始まった由。それと、母の会の活動や、家庭衛生講座の取り組みもあって、収容する子供の数も設立当初の約4倍の80余名に達していたという。

中川横太郎（なかがわよこたろう、１８３６～１９０３）は、実業家、それに教育から社会福祉まで幅頃の社会事業家であろう。岡山城下の生まれ。その家は、亀之進は馬術役ながら、家系の元をたどれば、備前藩の儒官・中川謙叔といって、江戸時代初期の漢学者にして、かの中江藤樹に学んだというから、かなり古くからこの地に住み着いていたものと察せられよう。岡山藩士・中川亀之進の二男、名は金次、のちに横太郎と改名する。

長じては、明治政府による廃藩置県（１８７１）とともに岡山県の学務兼衛生主任となり、その仕事としては、大まかに双方向にわたっていよう。一つには、１８７５年（明治8年）に着任した高崎五六・岡山県令の指図により、岡山県病院の医師を招聘しようとなり、アメリカンボードから派遣されて神戸に来ていたテーラーを医学教師に、アメリカンボードの宣教医ベリーを病院長に、それぞれの関係者（宣教師、看護婦）を含めて招聘することに成功したという。結果として、横太郎は岡山に初めて公式に宣教師を連れて来た立役者ということになろうか。１８８０年（明治13年）には、岡山基督協会が設立される。その後の岡山では、１８８６年（明治19年）に山陽英和女学校（現在の山陽高等女学校）、翌１８８７年（明治20年）に岡山薬学校（現在の関西（んぜい）高等高校）、さらに１８８９年（明治22年）には岡山産婆看護婦養成所の設立に参画していく。その傍らでは、「南無大師遍照金剛衛生・教育・信者健忘斎」と記した幟（のぼり）を片手に持ち、街頭演説を繰り返し、近隣の地域に出現しては啓蒙教育に勤めたというから、大変な力の入れようであったのだろう。

二つ目としては、士族授産と言って岡山紡績を設立した、また、児島湾開墾と言うことで「微力社」を設立したことになろう。これには、弟の岩太郎とは仲がよかったようで、協働して事業を起こした。以って、この辺りにおける殖産興業の草分け的存在として、地方の名士に連なる。

およそこのような案配にて、相当なマルチな働きに精出した間のある横太郎だが、人柄を含めての評価としては、「岡山における文化の建設者」のみならず、「奇言奇行の人」までが伝わる。後者に属する話においては、例えば、同じ社会事業家の中まであるところの炭谷小梅との間でひと悶着どころか、かなりの軋轢があったようだ。というのは、彼女は1850年（嘉永3年）の生まれで、幼いころに両親も病死、そこで三味線の腕を生かして芸者となって働いていた。横太郎が身請けしたという。

そんな二人の共通点としては、宣教師たちが全国で女学校をつくって社会の西洋化に貢献しているのを知り、横太郎がこれを利用しようとしたのに対し、小梅は1878年（明治11年）に横太郎の支援で、当時神戸ホーム（その後の神戸女学院）に入学したからは、キリスト教との出会いにより人権意識（大まかにはジェンダーとしての自立）に目覚め、旧社会の意識を引きずっている横太郎とそりが合わなくなった彼女は、横太郎の元を離れる。とはいうものの、この二人は事業を進める時には協力もするということであったと伝わる（なお、小梅は後に石井十次の率いる岡山孤児院の副院長を務める）。

また、1899年（明治32年）には、山陽女学校が経営危機に陥ったのを救おうとしたのだろうか、自らの死亡通知を友人・知人に送り付けたばかりか、その旨を山陽新報に広告を出し、「生葬礼」の大芝居を打ったとされ、これにて集まったかね（香典や寄付）を同校の救済資金に充てるという目論見を実現した由、なかなかに踏ん張りどころを知り尽くしている人物として市民から喝さいを浴びたのだというから、驚きだ。

287『岡山の歴史と岡山人』

岡山人（20～21世紀、橋本龍太郎）

橋本龍太郎（はしもとりゅうたろう、１９３７～２００６）は、保守派の政治家で、首相経験者だ。ポマードでしっかりと整えた感じの頭髪、そしてあの屈託のない笑顔を思い浮かべる人も多いのではないか。東京都の生まれ。父・橋本龍伍の地元の岡山とも行き来することが多かったのかも知れない。１９６０年（昭和35年）には、慶応義塾大学法学部政治学科を卒業する。

そして、まだ20代の青年だというのに、厚相、文相を務めた父橋本龍伍の死後、その地盤を継いだ形で、１９６３年（昭和38年）に衆議院議員に当選する。それからは、持ち前の政治感覚の鋭敏さでもって、自民党においても頭角を現す。１９７８年には、大平正芳（おおひらまさよし）内閣で厚相として初入閣する。さらに、運輸相、自民党幹事長、蔵相、党政調会長、通産相などを務める。中曽根康弘（なかそねやすひろ）内閣の運輸相として、国鉄分割民営化に邁進する。当時の中曽根首相は、アメリカのレーガン大統領にも似て、労働運動潰しを重要視していたのであろう。

1995年には、通産相として、折から激化していた日米自動車交渉にあたる。その交渉など対米では、相当な「タフガイ」であったとも伝わる。そういえば、彼は、保守の中では、どちらかというと、実務派の部類なのであろう。1996年には首相となり、同年9月には衆議院を解散、10月の小選挙区比例代表並立制に臨んだ。この総選挙で自民党は大勝し、続く11月首相に第二次橋本内閣を発足させる。1997年9月に第2次改造内閣が発足するも、1998年の参院選惨敗により、同年7月に辞任する。なお、筆者は、1997年に彼の内閣の政策を、「経済審議会・行動計画委員会「構造改革の紹介と批判（労働法制抜本改悪策動と権利闘争）」」、そして「報告・産業構造再編成と財界・官僚（含むレジュメ）（1997「経済白書）」と財界・官僚の分析」として論評したことがある。

それからも、2000年の第二次森喜朗（もりよしろう）改造内閣では、行政改革担当相、沖縄開発庁長官を務める。同年には、「小渕（おぶち）派」を引き継ぐ形で「橋本派」を、立ち上げる。2001年には、自民党総裁選に立候補したものの、小泉純一郎に敗れる。2004年、日本歯科医師連盟から橋本派への不正献金問題の責任を受け、同派閥の会長を辞任し、2005年8月、総選挙に立候補しないと発表する。その幕引きは、時折マスコミに見せる静かなるダンディーさながらに、大方爽（さわ）やかであったのではないだろうか。

288『岡山の歴史と岡山人』

岡山人（20～21世紀、田渕節也）

田渕節也（たぶちせつや、1937～2006）は、実業家である。故郷は、苫田郡神庭村（現在の津山市）とあるも、実は大邱（現在の韓国、テグ）生まれである。旧制中学まで大邱で育ち、旧制高校は松江、大学は京都のため岡山に住んだことはない（日本経済新聞、2007年11月4日、「私の履歴書」）という。その京都大学法学部を卒業して、1947年野村證券に入る。主に営業畑を歩む。それからは、めきめきと頭角を現していく。それからも、トントン拍子で出世の階段を上がっていく。1978年（昭和53年）には、社長に就任する。

それからは、国際部門を飛躍的に伸ばし、世界有数の証券会社に押し上げたというのだが、それに至るまでには、きれい事だけではなかった筈だ。それというのも、1985年（昭和60年）に、社長の座を田淵義久に譲り会長になるも、その後も会長として「院政」のように経営に携わっていたようなのだ。1990年12月には、日本経済団体連合会（経団連）の副会長に就任する。日本資本主義を支える一角としての証券業界、そこを地盤にしたのはいうまでもあるまい。ところが、足元で1991年には、損失補填（そんしつほてん）問題や、不適切な取引が発覚する。前者というのは、いわゆる「損して得とれ」というか、国会で証人喚問を受けた時に、その体質が露となる。つまるところ、責任を取って会長職を辞任し相談役に退く。経団連副会長も、解任されてしまう。それでも、粘りを発揮して、1995年には、再び取締役に就任し復権を果す。しかし、1997年総会屋への利益供与が発覚し、すべての役職から退く。

その仕事人生についての評価では、いわば「清濁併せ呑む」類の経営スタンスにつき、「功罪相半ば」という論評が多数なようなのだが、もう少し具体的に述べたらよいのではないか。つまるところ、証券業界の不祥事の根っこには、国民のための経済に欠けるところが多々あり、そのことを無視してかれらが自分たち本位に金儲けに突っ走ったところが、もっと明らかにされて然るべきであったろう。もちろん、彼だけが責められる話でないことは、当時の政財官の大方が、どこを向いて仕事なりをしていたのか、その流れの全体が歴史の中に正しく位置付けられるべきだろう。かくて、その良くしたところをさらに発掘してもらいたい、岡山を代表する実業家の一人であるに違いあるまい。

289『岡山の歴史と岡山人』

岡山人（20～21世紀、星野仙一）

星野仙一（ほしのせんいち、1947～2018）は、プロ野球選手・監督、そして同解説者、さらにタレント性も持ち合わせていた。投手としての現役時代は闘志あふれる投球で、さながらプロ野球のキラキラ「星」でもあるともされていたらしい、それに監督になってからもあれやこれやのパフォーマンスで軽快なフットワークの持ち主だ。児島郡福田町（倉敷市）の生まれ。いつの頃からか、野球を楽しみ、将来目指すのはこの道と考えるようになっていったのかも知れない。県立倉敷商業高等学校の時には、皆とともに甲子園を目指すが、出場は叶わなかったという。

明治大学を経て1968年（昭和43年）のドラフト1位で中日ドラゴンズに入団する。そのうちに、打者に向かっていく闘志あふれる姿が、「ケンカ投法」で有名となる。それでいて、変幻自在な投球で、根性を見せるかのような投球が光る。強いて比較するなら、往年の阪神の、「ダイナミック投法」で知られる村山選手などと比べられるのではないだろうか。

１９７４年には、「宿敵」巨人の10連覇を阻み，セントラルリーグ（セ・リーグ）でチームを20年ぶりの優勝に導く。個人としても、初代最多セーブ賞と沢村賞をダブル受賞する。１９８２年（昭和57年）に現役を引退する。これまで、通算５００試合に登板し１４６勝１２１敗34セーブにて、防御率３．６０という。１９８７年（昭和62年）には、中日ドラゴンズ監督になる。選手のときに劣らず、判定に不服の時は、何やら叫んで、ベンチを飛び出す。その辺り、一説には「とにかく観客を喜ばせたい」との思い込みもあったように察せられよう、「少し興奮し過ぎ」の指摘も見られるものの、いやあ圧巻である。１９８８年（昭和63年）と１９９９年に、セ・リーグで自軍を優勝に導く。その後には、阪神タイガースの監督となり、２００３年に優勝を果たす。史上初めてセ・リーグ２球団を優勝へ導いたのは、プロ野球の愛好者の眼からすると「快挙」といえるだろう。

２００８年には、北京オリンピック競技大会に日本代表監督として出場するも、４位に終わる。２０１１年には、東北楽天ゴールデンイーグルス監督を務めており、２年後の２０１３年にパシフィックリーグで優勝、その後日本シリーズで巨人を破り、球団初かつ自身にとっても選手・監督を通じて初の日本一となる。未来を担う若い人達を、常に何ほどか意識してのような立居振舞があり、また、熱血にしてどこか紳士的でもある。やがて、生まれ故郷には「星野仙一記念館」が建てられるなど、岡山を代表する野球人としても、今日までもその「闘将」としての名を馳せ続けている。

290『岡山の歴史と岡山人』

岡山人（20〜21世紀、吉永祐介）

吉永祐介（よしながゆうすけ、1932〜2013）は、検察官、そして弁護士である。岡山市の生まれ。1948年（昭和23年）な西大寺中学を校飛び級の4年で卒業し、その翌年には旧制第六高等学校へ進学する。やがての1953年（昭和28年）には、岡山大学法文学部を卒業する。その後は、司法試験に合格して、1955年（昭和30年）には検事に任官する。それからは、検事畑に入って、東京地検特捜部に長らく在籍する。1968年の（昭和43年）に発覚した汚職事件の日通事件（当時の日本通運が国策会社（政府食糧の輸送につきとしての立場から政界に賄賂（わいろ）を贈ったかどうかが争われた）など、戦後の著名な疑獄事件の捜査に携わっていく。

そんな中でも、1976年（昭和51年）に発覚したロッキード事件では東京地方検察庁特別捜査部（東京地検特捜部）副部長、主任検事として田中角栄元首相らを受託収賄などの罪で起訴した。「首相でも庶民でも法の前では平等だ」との言葉は有名だ。いわゆる「田中金権政治」とは、あの立花隆（たちばなたかし）が厳密に論証した如くに（「田中角栄、その金脈と人脈」）、日本の戦後の最重要暗黒政治に特記される事件であった。かの日中国交正常化（1972．9）に田中が辣腕を振るって後は、国内において利権絡みの話が多く、そんな中でもこの事件はその最たるものであったろう。

1978年（昭和53年）には、同特捜部部長に就任する。その年にダグラス・グラマン事件（日米間の戦闘機購入に絡む汚職事件）が発覚すると、自ら検察の捜査指揮を執る。それから、リクルート事件の捜査を指揮したことでも、広く知られる。ついでながら、この事件の経済的側面については、拙論文「プラザ合意30年」においても簡単に触れているところ。それは兎も角、捜査の指導にあっては、「当該捜査に当たった検事の調書を残らず最後まで読み、分析し、指揮をとっていた」との評が数多く寄せられていて、これを含めて、東京地検の「鬼検事正」として、大胆かつ執拗にこの事件の真相を追求していく。その後は、１９８４年（昭和59年）に宇都宮地方検察庁検事正、翌年には最高検察庁公判部長、１９８８年（昭和63年）には東京地方検察庁検事正といった多忙な日々を送り、さらに広島・大阪・東京の各高等検察庁（高検）検事長などを歴任し、１９９３年に最高検察庁の検事総長（第18代）となる。その頃には、尚更かなりの「貫禄」が備わって来ていたらしく、「ミスター検察」の名を轟かせていたものと察せられよう。１９９６年に任期を1年残しながら勇退し、弁護士となる。この間、東京地検特捜部での在籍期間は14年弱にも及んだことになっている。

およそこのように、現役時代には「天命を信じて人事を尽くす」「事上摩錬」といったモットーを幾つも束ねての、およそ硬派の経歴を持ち合わせる吉永なのだが、これといった私的な「敵」は大方いなかったように見受けられよう。また私生活では、ゴルフや以後、読書を楽しんでいたともされていて、そうであるなら、そこそこで見せていた静かな笑顔とともに、これからも永く語り継がれていく法曹界の偉人であろう。

２９１『岡山の歴史と岡山人』

岡山人（20～21世紀、渡辺和子）

渡辺和子（わたなべかずこ、１９２７～２０１６）は、キリスト教の立場からの教育者にして、文筆家でもある。北海道旭川市の生まれ。父は、日本陸軍中将で旭川第7師団長だった渡辺錠太郎である。

１９３６年（昭和11年）の2．２６事件の時の父親は、陸軍教育総監の要職にあった。自宅で軽機関銃を据え付けられての銃弾をうけ、6、7人が寝間に入ってきて「突いたり、切ったり、最後とどめを刺されて」（「NHK映像ファイル・あの人に会いたい」での本人の述懐）、死亡している。その父親の死場を、1メートル位の至近距離にいて、9歳で目の当たりにした経験を持つ。

18歳となった渡辺は、キリスト教の洗礼を受け、のカトリック教徒となる。29歳で修道院に入り、修道女として過ごすうちに、生涯を神に仕える道こそが、自分にとって最良の道であり、自由で幸せな人生が送れると思ったようである。その修道院での生活となって1年半後に、才能を見込まれてアメリカに派遣され、ボストン・カレッジで博士号を得る。同時通訳的な英語力は、その留学中に身を付けたらしい。戦後になると、彼女の元にも、宗教的自由の風が吹き寄せてくる。おのずから大道を歩いていくことが可能となり、教育、宗教に向けて精進していったのだろう。１９６３年（昭和38年）に36歳という若さでノートルダム清心女子大学の学長に就任する。１９８４年（昭和59年）には、マザー・テレサ（死後にローマ・カトリック教会から「聖人」に認定された）が来日した際には、英語に堪能なこともあって、渡辺が通訳を務めたというから、さぞかしやりがいを感じたことだろう。その後には、ノートルダム清心学園の理事長・名誉学長に就任する。

そんな渡辺が口癖のようにしていたのが、講演などで「置かれたところで咲きなさい」と語りかける。しかも、その言葉というのは彼女自身が自信を喪失していた時、ある宣教師がくれたものらしい。そうなると、「時間の使い方は、そのままいのちの使い方でもあり、今あなたが置かれたところこそが、今のあなたの居場所」なのだと強調してやまない。だからして、「「こんなはずじゃなかった」と思う時にも、その状況の中で「咲く」努力をしてほしい」となるのだろうか。とはいうものの、「どうしても咲けない時もあります。雨風が強い時、日照り続きで咲けない日、そんな時には無理に咲かなくてもいい。その代わりに、根を下へ下へと降ろして、根を張るのです。次に咲く花が、より大きく、美しいものとなるために」（渡辺和子「置かれた場所で咲きなさい」）ともしていて、要は臨機応変に環境にうまく適応していくことでも構わない、と配慮も覗かせている。例えば、同じキリスト者である作家の三浦綾子（みうらあやこ）の言葉、「月や花は、人が美しいと言おうが言うまいが、美しい。同じく、みにくいものも、誉められようが誉められまいが、みにくいのだ」（三浦綾子「愛すること信ずること」）を引いていてみせる。

要するに、自分の価値というのは、他人との比較によって定まるのではなく、「自分は自分として生きる。オンリー・ワンとして生きる」のが、価値ある生き方だといい、だからこそ、自分をかけがいのない独立した人格として見いだし、肯定し、そのことを拠り所として生きていく、それでこそ、人生は有意義なものになる、とでも言いたいのだろう。すると、ここまで読み進めて来て、なるほどと思われる向きもあろうが、大抵の読者は納得までには至らないのではないだろう。そう察しているが如く、続けては、「今という瞬間は、今を先立つわたしの歴史の集大成であると同時に、今をどう生きるかが次の自分を決定するということです。人生は点のつながりとして一つの線であって、遊離した今というものはなく、過去とつながり、そして未来とつながっているわけです。お気に入り詳細を見る 神様は私たちの「願ったもの」よりも、幸せを増すのに「必要なもの」を与えてくださいます。それは必ずしも自分が欲しくないものかも知れません。しかしすべて必要なものなのだと、感謝して謙虚に受け入れることが大切です」とあって、これをマザー・テレサ流にいうと、「私たちは世界を変えようとは思いません」（ＤＶＤ「マザー・テレサの世界」）と自分という人間存在を謙虚に受け入れつつも、今この時私たちの目の前で苦しんでいる人を、死を前にして抗（あらが）うすべを持たないような境遇にある人をできうる限り救う事こそが、神によって示される人間の生き方のエッセンスということになるのだろうか。

もう一つ、相当に考えさせられる話を紹介すると、彼女の母（渡辺すず）との関係は、当初はしっくりしていなかったようである。ある日の雑誌の対談で、あとで知った自分の出生にまつわる話を、こう振り返っている。それには、「胎児のときに「産みたくない」という気持ちを母が持っていたこともあり、また自分にとっては非常に、厳しい母でしたので、私はずっと母のことは嫌っていました」（渡辺和子「致知」２００２年3月号）とあって、だとすれば、本人は大変辛い少女期を過ごした筈であり、それが彼女の早々の自立を促したのであろうか。ただし、その母も年老いては、娘と寄り添って生きる方向に転じたのだという。また、和子もその変化を感じ、それまでの思いを改め、「四面道と呼ばれていたところで、小さな母が後ろに手を組んで立っている。私は途中で2つだけ買い求めた和菓子をポケットに入れていて、母を抱くようにしてうちへ帰りました」（梯子公美子（はしごくみこ）「この父ありて、カトリック修道女・作家、渡辺和子」日本経済新聞、２０２１年2月27日付）と告白している。ちなみに、彼女の主な舞台となっていた学校法人ノートルダム清心学園の来歴としては、１８８６年（明治19年）に設立された私立岡山女学校が前身、その後の１９４７年（昭和22年）には、学制改革により新制の中学校・高等学校となり、１９６４年（昭和39年）には、倉敷市に移転する。続いて１９４９年（昭和２４年）には、ノートルダム清心女子大学を現在地に開設し、その後、附属小学校、附属幼稚園を設置している。

292『岡山の歴史と岡山人』

岡山人（20～21世紀、谷口澄夫）

谷口澄夫（たにぐちすみお、1913～2001）は、歴史学者、そして教育者である。岡山史の研究で広く知られる。牛窓町（現在の瀬戸内市牛窓）の生まれ。1940年（昭和15年）には、広島文理科大学を卒業する。1949年（昭和24年）には、岡山大学教育学部助教授、次いで1953年（昭和28年）には、同教授となる。

そんな谷口の学問的業績としては、やはり岡山藩の研究で大きな成果があがっている。それに加えるに、次の研究世代へ向けての宿題を残したことであろう。例えば、興除（こうじょ）「新田村の諸相」の下りで、「新田の生活は古くからある村の生活とちがって、大切な用水や飲料水が足りないかわりに汚水にはなやまされる、山から遠くて薪（たきぎ）が手に入りにくい、野菜にまで不便をしのばなければならない、などという悪条件につつまれている。しかしその反面には、見知らぬもの同志の寄合所帯である場合には、古くからあるような階層関係がほとんど見られないとか、また、換金作物の栽培に有利であるとか、さまざまなよい条件をもっているといえよう。ただし、新田村の社会構造はそれぞれの新田の成立事情などによってもまちまちである」（谷口澄夫「岡山藩」：児玉幸多・北島正元編「物語藩史6」人物往来社、1965に所収）と、複眼的な見方を披露しているところだ。

このような歴史に馴染んでの研究のうちには、ざっと「池田光政」（1961）や「岡山藩」（1964）、それに「岡山藩政史の研究」（1964）や「岡山県の歴史」（1970）などの著作があろう。殊に、「岡山藩」の中では、同藩において、寛永年間（1789～1800）に農民の階級分化が進んだことへの、これからの研究の必要性につき、「家臣団の風儀悪化ということばで表現されたような動き、それに関連して似たようなすがたは農村社会にもうかがえるわけである。村々にのこっている「検地帳」「名寄帳」にみられるいく重ねものはり紙や無数の売渡証文・借用証文などが語るたえまのない田地の移動、それらは明らかに農民の階層分化がすすんだことを物語っている」（前掲書）という。

それから、なかなかに興味深いのは、共編著の群れであって、これには「特別史跡閑谷学校」（１９７５）や「瀬戸内の風土と歴史」（１９７８）、それに「岡山県風土記」（１９９６）といった周辺というか、外延部での研究であろう。１９６９年（昭和44年）には、前学長の退任を受け学長代行（学長事務取扱）に選ばれ、同年岡山大学の第７代学長となる。こうなっては、大学で教えることよりも、経営にも携わる。そして、第一関門の学園紛争期の難局を乗り切ったというのだから、驚きだ。退任してからは、名誉教授となって学問を続ける。その後は、１９７８年（昭和53年）に、開学した兵庫教育大学の初代学長に迎えられている。こちらを１９８６年（昭和昭和61年）まで同大学学長を務めた後、倉敷芸術科学大学学長、就実女子大学長を歴任していく。およそ、このような道をたどっていくのだが、谷口ほどの高度な学才があるのなら、もっと日本そして世界の歴史への架け橋へと余力を使っていってほしかった、それだけの値打ちがこの分野にはあるのではないかと思われる。

他にも、公益財団法人福武教育文化振興財団により、谷口の名を冠する褒賞として、「岡山県の教育の向上に著しい貢献が期待される教育者または団体」に贈られる「谷口澄夫教育奨励賞」が創設されている。その他、数々の教育・文化関連団体の要職に就いた。その中の主なものでは、１９８１年（昭和昭和56年）岡山県三木記念賞を受賞している。１９８６年（昭和61年）には、教育及び大学運営に対する貢献ということで、岡山県名誉県民となる。

293『岡山の歴史と岡山人』

岡山人（20～21世紀、柴田一、片山新助）

　柴田一（しばたはじめ、1930～2017）は、歴史学者、そして教育者である。特に、岡山藩の津田永忠の研究で広く知られる。岡山市上阿知に生まれる。1953年（昭和28）年3月には、岡山大学教育学部を卒業する。同年4月から～1976年（昭和51年）3月まで、岡山県下の高校教諭を歴任していく。同年4月から1981年（昭和56年）3月には、岡山県教育委員会文化課、県立博物館に勤務する。同年4月から1996年3月にかけては、兵庫教育大学に勤務する。1993年2月、広島大学より文学博士号を受ける。続いて、1997年4月から2005年2月の間は、就実大学で教える。その間の2001年2月から2005年2月までの間、就実大学・就実短期大学学長を務める。2005年2月には、就実学園顧問、そして就実大学名誉教授となる。

　柴田の学問上の最も大きな業績とされるのも、谷口とほぼ同様、岡山藩の治世の研究であろう。それでは、なぜそのような領域での研究を重要視するのかというと、やはり「何事も簡単にはすすんでいかない、その中でも歴史の解明は尚更」ということであったろうか、未だ未解明の事柄が相当に残っていたからではないだろうか。例えば、柴田の「岡山の歴史」においては、こんな下りが記されている。いわく、「これまで、わが国の最古の藩校は「花畠教場」であり、「花園会約」はその校則・校訓であり、両者はともに蕃山がつくったものとする説が定説になっていた。いまでもそう信じ切っているひとが多い。この定説を真っ向から批判し、「花畠教場」などという藩校は存在しなかった、岡山藩の際し所の藩校、寛文6年（1666）に設けられた「石山仮学館」であると主張したのが、拙稿（せっこう）「「花畠教場」と熊沢蕃山」（谷口澄夫先生古希記念論集「歴史と風土」所収、福武書店）である。」（柴田一「岡山の歴史」）

　ここでは、岡山で最初の藩校がそのまま日本の最初の建学であるという前提の元に、それからの話が進められているところだ。こういう細部にわたる歴史的事実の真偽をはっきりさせようと地道に研究を進め、互いに論陣を張ることにより、この方面の歴史学の前進につなげていく。その著作・論文としては、「近世豪農の学問と思想」や「渋染一揆論」、それに「岡山藩郡代、津田永忠」、「岡山の歴史」、それに「吉備の歴史に輝く人々」(30人を収録の旨)など、多数がある。それらのいずれにおいても、師の谷口澄夫に似て、堅実な調査研究が持ち味だと評される。また味わい深いところでは、例えば「岡山、地理・地名・地図の謎」があって、県民広くに流布されている知識の中にも歴史学の成果を取り入れてもらいたいとの問題意識があって、そんな中では「意外と知らない岡山の歴史を読み解く」こととしている。

この間、学外の役職としては、2011年6月に岡山県郷土文化財団理事長となる。こうして学会から社会教育分野へと、柴田もまた谷口の通った道をおおよそ踏襲しているようにも受け止めている。だが、あえて私見を言わせてもらうと、同じ岡山大学の考古学分野の人たちが行ってきているように、もっと大衆に近いところで研究を深めていくことも有望なのではないだろうか、あえて申し上げたい。

片山新助(かたやましんすけ、生年は1926)は、新聞人、そして郷土史家だ。倉敷市の生まれ。山陽新聞社の学芸部長、解説委員室室長、編集局次長を務める。その職にあるうちから、ライフワークとしての岡山城下町の町人研究を中核として、多方面へと今に受け継がれてきた伝統的な事象、そして人などを記していく。まずは、近世幕藩体制り下での町人はどんなであったかを、歴史学者のような専門意識を以って、「私が近世岡山商人に興味を持ったのは、私の祖父故片山貞太郎が集めていた近世中・後期の学者・文人の手紙からだった。その中に岡山石関町の商人若林朴介、号叢亭(1758~1826)宛てのものが7通あった」(「近世岡山商人の研究」楓亭文庫、1984)云々としているのは、流石だ。この流れに属しては、「岡山の町人」(1985)、「岡山の明治の雑誌」(1989、共著)、「岡山の富商と文化」・「岡山県史研究」第4号、「よみがえる岡山城下町」（1993）、それに「岡山藩の絵師と職人」（1993）などの著作があろう。それらに共通しているのは、とにかく藩政史料から生活の末端にまつわる奉公書などを丹念に追跡し、時には「断片的な史料を積み重ねることによって明らかにする」（「岡山藩の絵師と職人」のはしがき）、その姿勢に心を打たれる。

また、それらとやや変わっての、文化面に関わるところでは、「瀬戸内三十三観音巡り」（1986）があろう。それらのうち観音を巡っては、災難に見舞われた時に何かと世話を焼いて、助けてくれる観世音菩薩（かんぜのんぼさつ、略して「観音」）の何たるかを、「世間（の衆生（しゅじょう））が救いを求めるのを聞くと、直ちに救済するという意味である」などと丁寧に説明している点に特徴があろうし、「あとがき」において「瀬戸内三十三観音霊場めぐりの、執筆と写真撮影を依頼されて、わたしは少し考え込んだ」と言う。ところが、かかる仕事を引き受けて実際に足を運んで回っているうちに「観音に寄せる人々のエネルギーにふれ、興趣（きょうしゅ）ある寺のたたずまい、自然に接し、少し疲れていた私の心も身体も、はずんできた」、続けて「作業もスムーズに運び、約3か月で脱稿することができた」と安どを覗かせている。

1993年頃にもなると、倉敷市をはじめとする歴史編さん委員を務めたりもしていて、その方面の顔役の一人ともなってたようであり、ならば公私ともに多忙を極めていたのであろう。ちなみに、楓亭文庫とは、片山が山陽新聞社を退職後に、自宅で郷土史などの執筆に使っていた屋号兼出版元の名前であるらしく、そうであるなら地域に貢献する営みとして設立を期したものであろうか、なかなかに興味深い。

２９４『岡山の歴史と岡山人』

岡山人（20～21世紀、矢山有作）

矢山有作（ややまゆうさく、１９２４～２０１７）は、政治家である。津山市に生まれる。中央大学法学部を卒業してから、会計検査院事務官となる。20代のうちに退職し、津山市議、岡山県議を経て、１９６２年（昭和37年）には参議院議員となる。その後、衆議院議員にもなる。日本社会党に属し、中央執行委員長や教宣局長を歴任する。公職では、参議院社会労働委員長や衆議院石炭政策特別委員長などの要職も務めた。１９８６年（昭和61年）の選挙に落選し、そのまま引退したのであったが、矢山の政治活動が真価を発揮し出すのはむしろそれからであった。折しも、戦後の平和勢力の有力な橋頭堡の役割を果たしていた日本社会党は、憲法第９条に定める絶対平和主義からの決別にのめり込みつつあったろう。それと、市民運動との乖離が広がりつつあった。その後は市民運動にも活動範囲を広げて、政党の場だけに囚われないように心掛けたのであろうか。

戦後直ぐからのライフワークでもある日本原駐屯地問題をはじめ、国鉄労働問題や苫田（とまた）ダム反対運動などに取り組んだ。日本社会党が「専守防衛」に転換すると、これに同調することなく、それからは憲法第９条を守る市民活動など護憲派として活躍していく。そんな矢山の活動スタイルの一貫した特徴としては、地域の人々とともに歩むことであった。しかも世界に向けて開かれた視点をもって、晩年に入ってからは、「自衛隊イラク派遣岡山訴訟、憲法判断せず原告敗訴」などの新聞報道などとの関連が見えよう。その時の矢山は「国の行為が憲法違反だと、はっきりすべきだ」と語ることで、次なる課題を鮮明にした。それでは、矢山のこのような幅広の活動がなぜ可能になったのだろうか、その思想的源流なるものは何なのか。ここで興味深いのは、矢山の21世紀に入ってからの次のような論調であろうか。

「（中略）日本国憲法は押しつけ憲法か？自主憲法制定論者の根っこにあるのは押しつけ憲法論です。日本国憲法の制定過程をみると、ＧＨＱが日本政府に憲法草案を示し、これを最大限考慮して憲法草案をつくることを求めたのは事実です。しかし、これをとらえて日本国憲法は押しつけ憲法と言ってしまうのは、余りにも皮相的な見方です。ポツダム宣言は日本の自由主義化、民主主義化、平和主義化、基本的人権の尊重を要求していました。従って、ポツダム宣言に即して新しい憲法を制定することは、ポツダム宣言の受諾から出てくる日本の国際的約束であり法的義務です。しかし、当時の為政者は、それを全く無視して天皇主権の明治憲法と基本的にほとんど変わらぬ憲法案しか作成しなかったのです。

このことがＧＨＱ（連合国最高司令官総指令）の憲法案提示という事態を引き起こしたのであり、而（しか）も最終的には、政治目的のために天皇制の温存を意図するＧＨＱ側の当時の国際情勢（天皇の戦争責任追及と天皇制廃止を求める）を背景にした説得に、国体護持、天皇制存続の立場から、自らこれを受け入れ、明治憲法の定める改憲手続きに従って日本国憲法を制定したのですから、押しつけ憲法というのは的はずれの言い分です。当時の世論調査によれば、憲法草案についても、9条についても、国民は非常に高い支持を示しています。一般国民にとっては、日本国憲法は押しつけ憲法ではなかったのです。」（矢山有作（元衆議院議員）「憲法雑感」：「岡山部落問題研究所「部落問題－調査と研究」２０００年12月号、通算第１４９号」）

憲法制定過程についてのこの矢山の説明は、ＧＨＱの憲法案提示や、天皇制の存続に至った経緯についても遠慮会釈無く、事実を述べてあり、歯に衣を着せることの無い、透明性の高い視座を明らかにしている点で、稀に見る珠玉の一文といえるのではないか、偉大だ。

295『岡山の歴史と岡山人』

岡山人（20～21世紀、岡映、則武真一）

岡映（おかあきら、1912～2006）は、部落解放運動家だ。京都市の生まれ。まもなく、母の故郷である英田郡江見町（現在の美作市）に家族で移る。少年時代の10歳には、京都で友禅職人の職工として弟子入りし、働く。やがて厳しい労働を強いられることに考えを深め、京都洛北（らくほく）染色労働組合・友禅工（ゆうぜんこう）生活擁護闘争委員長に就任するなどし、大衆の先頭に立って生活改善に向けて運動を行う。1932年（昭和7年）には、日本共産党に入党する。1935年（昭和10年）には、全国水平社第13回全国大会に参加する。岡山県美作地方を中心に、岡山県農民同盟の活動などにも参加する。ところが、1932年（昭和7年）と1936年（昭和11年）の時には治安維持法違反で逮捕され、つごう約8年間の獄中生活を余儀なくされる。その頃までを振り返ってであろうか、後年、こう振り返っている。

「獄中生活では何もすることがなく、ふと気づくと書物の差し入れが許されることを知り、あらゆる書物を読破（どくは）していった。」「私にとって獄中生活は、学習の場であり人民大学でもあった。」

「最初の自主的な運動として結成された「備作平民会」（1902年、三好伊佐次らによって結成）は、自由民権運動の影響を受けている。要するにこうした素地があったらばこそ、水平運動が直ちに受け入れられて、全県的に拡大し、そして糾弾闘争も前進したのである。それゆえ、岡山県水平運動は、融和政策、または融和思想との闘いにおいても階級的な観点が貫かれていた。それはつまり運動の目的が明確であった。いいかえると、戦略的に目標が明らかにされ、それに応しい戦術をたてて闘ったのである。」（岡あきら「荊冠記」第10部「暁」、岡山県部落問題研究所「部落問題」1994年2月（No．108）号に所収）

戦後は、農民運動・重税反対闘争に積極的に取り組む。役職も上がり、1955年（昭和30年）には、部落解放同盟岡山県連書記長になる。それからは、同中四国ブロック協議会議長を経て、いまだ高度成長期の1966年（昭和41年）には、同県連委員長に就任する。同年4月には、部落解放同盟中央委員会が、岡ら県常任委員15名を権利停止処分とする、これを受け、同年4月には、岡山県連第22回大会にて、中央委員会との絶縁を表明する。同年6月、岡らは、部落解放同盟正常化全国連絡会議を結成し、本人は議長となる。これにより、岡山県においては、中央本部派が反主流派となった訳だ。その後は、啓蒙活動などにも積極的に関与していく。文章もよくしていて、なかなかの理論家として、また話のうまい実践家として、全国的にも知られていく。

晩年期においても、旺盛な活動家であって、なおかつ自己頼みすることなく、分かりやすい言葉使いでの大衆化路線を貫いたのは、偉大だ。これに関連しての文もよくしていて、ここでは円熟した感のあるものの中から、すべての人は一人の例外もなく平等だとしている、今も清々しくも感じられる次の文章を紹介しよう。

「（前略）よく例にあげられるが、越前鯖江藩（さばえはん）の場合は、わずかに5万石の小藩であったが、足軽から重役までの間に62の階層があったという。（中略）6千部落、3百万人が、「部落差別」に対する「同族意識」の紐帯に、かたく結ばれていると考えてきた。少なくともそう信じて選挙運動などには、とくに強調され、利用されてきた。しかし、それは歴史的な社会の変遷、発展を無視するか、現実の社会の進歩とか、階層分化から目をそらし、われわれの都合のよい半ば伝説的な想定にもとづく非科学的な考に、ほかならなかった。その結果、「同族意識」の弱体化をなげき、その想定のはかなさに失望してきた。そして結局は自分で自分が描き出した住民像に裏切られて、腹立たしくならされてきた。」（岡、前掲論文）

則武真一（のりたけしんいち、1931～2018）は、新聞記者、その後は政治家である。岡山市の生まれ。やがて、広島大学文学部を卒業する。その後は、山陽新聞社記者、山陽新聞労働組合委員長、新聞労連中央執行委員を経て日本共産党岡山県議会議員、衆議院議員　治安維持法犠牲者国家賠償同盟岡山県本部長を歴任していく。　これらの役職のうち、治安維持法被害者の救済というのは、地味な運動ではあっても、誰かが手に染めねばならぬものなのだろう。

のみならず、彼はまた、政治家にしては珍しい、これまでの人類知を踏まえての幅広い教養を保持しての言動で、広く知られる。政治家としての著作としては、「地方議会に新風を」「春を告げる汽笛」「明日の岡山への提言」（編著）及び「航路」といったところだろうか。わけても、「高度成長」政策の陰で、うちやぶられてきた農業、中小企業、環境などへ優しい目が向けられており、例えば、とかく忘れられがちな明日の岡山県農業を、次のように展望している。

「工業の発展の裏側は、農業の壊滅的な破壊です。岡山県は、西日本デ有でも有数の農業県であり、地勢、気候など天然の条件に加えて、農民の努力によって全国にも誇る農産物を産出していました。岡山市藤田、興除などに代表される米麦を中心とした大規模の農業、特産物のい草、マスカット、モモなどの果樹、千屋牛に代表される和牛などいずれも岡山県の農民の高い技術水準を示していました。「高度成長」政策を通じて、事情は一変しました。（中略）いま食糧の自給率が、40パーセント台（オリジナルカロリー）におちこんでいる中で、農業の再建は国政上の大問題となっていますが、岡山県農業を荒廃から救うことは県民にとって緊急かつ重大な課題です。」（則武真一編著「明日の岡山の提言」「明日の岡山への提言」刊行委員会、１９７６）

このような温かくして将来を見通す眼差しを、今時、ロシアーウクライナ問題に揺れる世界の政治家諸氏にも見習ってほしいものだ。とりわけ、今は両国の戦争の長期化により世界の食糧需給が逼迫しつつあると、連日のように伝えられている折、その高い視点は現在の私たちが改めて学ぶべきものであろう。

２９６『岡山の歴史と岡山人』

岡山人（20～21世紀、大林秀彌）

大林秀彌（大林秀弥、おおばやしひでや、１９１８～２００１）は、教育者にして、また社会運動家としても名を馳せている。久米郡大井東村（現在は津山市）に生まれる。１９２５年（大正14年）には、同村立の大井尋常小学校に入学する。１９３１年（昭和6年）に同学を卒業し、津山中学校へと進む。１９３５年（昭和10年）には、4年間の学びを終え、第六高等学校の文科甲類に入り鋭意学ぶのだが、途中病気のため休学もあったとされる。１９３９年（昭和14年）に同校を卒業して、東京帝国大学の経済学部経済学科に入学する。なぜ、経済を勉強したいと思ったのかは、つまびらかでないようだ。１９４１年（昭和16年）12月に東大を卒業する頃には、日本は戦争の真最中であった。翌年1月には、日本光学工業株式会社に就職する。

その後、１９４３年（昭和18年）6月から戦後の１９５２年（昭和27年）9月間での、長い病気療養生活があり、その間の１９４５年10月に同社を退職する。厳しい生活を強いられながらも、１９５２年9月には、津山の学校法人作陽学園に就職できたという。ここで、やっと、太陽の光を浴びて再び働けるようになった訳だ。それからは、同学園において、教育に研究に取り組み、そのうちに作陽女子高等学校、作陽短期大学、作陽音楽大学の教員を務（つと）める。同大学を退職した年の１９８２年（昭和57年）4月には、作陽音楽大学名誉教授になる。

さて、大林の場合は、そればかりではないところが顕著であって、作陽学園在職中及び退職以後の社会活動として、津山文化財保護委員・委員長などの公的な役職とともに、その範囲は平和運動、国の治安維持法犠牲者への賠償要求支援の取組み、被差別部落の問題・部落解放運動などにも及ぶ。それら以外においても、ライフワークとしての学習・研究も同時に進めるという話であって、まさに「寸暇を惜しんで」の学問上の成果を、江戸時代の農民一揆の研究から、明治からの庶民生活の分析にいたるまで、かなり多くを実らせている。そんな中でも、「明治10年代美作地方の消費生活」「維新期の農業経営について」「維新期における雇用労働力」「地主制の一側面」「維新期農村工業の存在形態」論文は、経済学の立場からは大変重要な研究であり、これまでの日本史の空白部分を埋める一助にもなっている、ここでは、その中でも異色の「明治10年代美作地方の消費生活」の「結び」の一節を紹介しよう。

「上来わたくしは、一地主の家計支出の分析によって、本稿の主題、明治10年代初頭の、岡山県美作地方に、おける消費生活の実態を具体的に明らかにすることに努めた。もちろん、本稿に、おいて分析の対象とした家計は、地主のそれであり、しかも第四表に明らかな通り、金融や窯業マニュファクチャー（工場制手工業・引用者）の別途収入を持つ、強い経済的立場に立っている。したがって本稿の事例によって、当時の農村の農民各階層の消費生活を推定することはできないのは当然としても、本稿の事例が、当時、当地方農村社会消費生活の上限であるとは、言いうるであろう。」（大原秀弥「明治10年代美作地方の消費生活」。この論文の最初の出は、作陽学園学術研究会「研究紀要」第6巻第1号、1973）、追っては、大林秀彌「わが学習と実践の記録」、2000に収録されている。

２９７『岡山の歴史と岡山人』

岡山人（20～21世紀、福田史郎）

福田史郎（ふくだしろう、１９２７～２０１７）は、鉱山技師を務める父・福田勘四郎と看護婦を務めた経験のある母・ゆきの3男として、玉野市に生まれる。その海岸から3キロメートルばかり離れたところにある、直島（現在は香川県、かつて近隣の島からで採掘される銅鉱石の製錬所があった）に、鉱山技師の父の職場があった。やがて、家族とともに津山に移り、多感な少年時代を過ごす。

やがては津山市立西中学校の数学教師にして、だんだんに青少年カウンセラー、教育評論家ともなっていく。さらには、教育現場における実践を基礎に、「鶴山塾」（津山市が１９８５年に開塾）での活動など、幅広い青少年教育に献身的に携わったことで、この地で広く知られる。その事例研究には、自身の体験に裏付けられた説得力が感じられる。ここでは、そんな福田の60代の頃における報告の中から、一つを紹介しよう。

「後進性を十分に脱した近代（文明）社会の中では、知識的、階級的な彼岸（ひがん）へのかけがいなき門戸という学校のイメージは、もはや成り立ちえない。そのうえ、学校がそこに根づき下から学校を支える基盤となっていた自然（地縁血縁）的な地域共同体も、近代化の帰結として解体してしまっている。この傾向に徹底的な追討ちをかけたのが、国庫補助による学校統合の嵐であったことは、記憶に生々しい。これが不登校増加をはじめ、今日の学校における失調現象（どの子にも生じうる）の本質的背景ではなかろうか。（中略）

「風の又三郎」（宮沢賢治）のなかに、次のような一節がある。「九月一日の朝でした。『ほう、おら一等だぞ。一賞だぞ。』とかわるがわる叫びながら大悦びで門を入って来たのでしたが、ちょっと教室の中を見ますと、二人ともまるでびっくりして棒立ちになり、それから顔を見合せてぶるぶるふるえました。というわけは、そのしんとした朝の教室のなかにどこから来たのか、まるで顔もしらないおかしな髪の子供がひとり一番前の机にちゃんと座っているのです。そしてその机といったら、まったくこの泣いた子の自分の机だったのです。」

かつては「風の又三郎」であったものが、今日では「いじめ現象」として現れてくるのは、教室で子どもたちがある対象に対してなんらかの違和意識を抱いたとき、それが「不思議」や「おそれ」として体験されえず、端的に「違和」（異物）としてしか体験されない傾向が大きくなったためではなかろうか。そのため、今日の「いじめ現象」は、たんに支配や攻撃ではなく、「（異物）の排除」という構造を大きな特徴としてもつ。「排除」は出口なしの体験である。今の「いじめ」がときに、子どもを死にまで追いやるのはこのためにちがいない。」（福田史郎〈美作部落研副会長〉「事例に思う、青少年問題の背景と課題」、「部落問題調査、研究」1995年2月号）

また、学校という空間との関わりで、次のように述べている。

「学校は集団や組織として必要な要素があると同時に、その学校に人間としてどうしても必要な要素がある。学校に対する「私事化」の動向が強くなる中で、子どもたちが納得して我慢したり耐えたりするに足る何かを子どもたちに示すこと、そのためには、プライベート・スペースの拡大不可視空間の拡大と、それによる学校という集団・組織が子どもたちに期待し要請する課題遂行機能（全体化機能）からの離脱の保証が必要である。但し、離脱というのは逸脱ではない。（中略）

いま一つ子どもたちの参加空間が大切なのではないか。日本では社会に開かれた「私」と「私」が共同の生活を営むという公共性の概念が育たないままきているために、他の文明諸国に比べて、公共性や共同性への関心が低い。その結果、どうしても参加空間が形骸化してしまう。学校では学級集団や学校社会といった共同性の場が崩壊している。「いじめ」の現場における「傍観者」の存在が、もっと象徴的にそれを示している。

個性的なあり方と社会的なあり方とが切磋琢磨できる場としての参加空間があれば、その中で開かれた個が育っていく。いじめの問題においても、不登校の問題においても、さけることのできない問題提起、それが「共同性に開かれた個我を育てること」であろう。これは、あまりにも公共性・共同性を無視した個我のあり方がすすみ過ぎる日本社会の課題でもある。」（福田史郎（美作部落研究所副会長）「事例に思う、青少年問題の背景と課題」、部落問題研究所「部落問題」１９９４年10月号、No.112に所収）

こうしてみると、福田が人生をかけて追及した公共性・共同性を考慮に入れた個我のあり方というのは、簡単には世の中全般になかなか行き届いていかない。だからして、皆が見えるところでの粘り強い一致団結した取組みこそが、問題解決への道に乗せていくことになるのではないだろうか、かくも理論と実践の統一に腐心しての、偉大な人生だ。

２９８『岡山の歴史と岡山人』

岡山人（20～21世紀、高畑勲）

高畑勲（たかはたいさお、１９３５～２０１８）は、映画獲得、そしてアニメーション作家・演出家である。三重県宇治山田市（現在の伊勢市）に7人兄弟の末っ子として生まれる。１９３８年（昭和13年）には、津市に移る。１９４２年（昭和17年）になると、三重県立師範学校男子部付属国民学校に入る。それが、１９４３年（昭和18年）には、父の転勤に伴い岡山にやって来た。そして、県立師範学校男子部付属国民学校に入学する。

戦後は、岡山大学付属中学校を経て、県立朝日高校へと進む。迎えた１９５４年（昭和29年）には、岡山県立朝日高校を卒業して、東京大学教養部に入学する。その2年後には、同大学の文学部フランス文学科2年に進む。次に、１９５８年（昭和33年）には東映動画の演出助手募集に応募、内定。１９５９年3月には、東大を卒業する。そしての4月には、東映動画（現在の東映アニメーション）に入社し、さぞかし周囲を注目されたことだろう。それからは、多くのアニメーション動画に大いに触発されてようであって、大いに関わっていく。ざっと、「安寿と厨子王丸」「鉄ものがたり」「わんぱく王子の大蛇退治」、テレビでも放送された「狼少年ケン」。それから、「太陽の王子・ホルスの大冒険」「ひみつのアッコちゃん」「ゲゲゲの鬼太郎」「もーれつ太郎」「アパッチ野球軍」など。

そして迎えた1971年（昭和46年）には、宮崎駿氏、小田部羊一氏らと共に東映動画を退社し、Aプロ（現在のシンエイ動画）へ移る。続いて1974年（昭和49年）には、テレビシリーズ「アルプスの少女ハイジ」を演出する。1976年（昭和51年）には、テレビ「母をたずねて三千里」、さらに1979年（昭和54年）には、テレビ「赤毛のアン」の禅話演出を手掛ける。そして迎えた1988年（昭和63年）には、「火垂（ほた）るの墓」、続いて2013年には「かぐや姫の物語」などというように、旺盛な活動で茶の間の人気者となる。

それでは、岡山にちなんでは何があるのだろうか。そんな折、岡山市内での講演（2015年6月17日付け新聞紙面）が挙行されたという。そこにおいて高畑は、戦争というものの正体、そして怖さについて、触れている。具体的には、「いつ命を落としてもおかしくない状況で、震えが止まらなかった」、また空襲後、自宅のあった場所に戻った時のこと、「逃げ込もうか」と迷った防空壕（ごう）で、多数の人が蒸し焼きになって死んでいた。自宅の前の水路にも、水につかったまま窒息死している人が何人もいた。「これが戦争かと思い知らされた」「自分よりずっとつらい体験をした人がたくさんいるのだから。どうして悲惨な状態に追い込まれたのか、戦争が始まる時のことを知る方がずっと重要だ」と。

それらに加えて、「戦後ずっと続いてきた平和が、政府の方針で揺らいでいることに戦後最大の危機感を覚える。さまざまな戦争の体験談を聞き、「戦争が始まったら自分はどうするのか」と想像してみてほしい。今の世の中が道を踏み外していることが分かるはずだ」とも、大いなる指摘をしているのに、学びたい。

これらの他にも、本業の延長という位置づけであろうか、相前後して「映画を作りながら考えたこと」（１９８４）や「十二世紀のアニメーション」（１９９９）、それから「アニメーション、折にふれて」（２０１３）を発表していて、ファンなどへも懇切丁寧な生き方解説やらを心掛けていて、より多くの人の心に寄り添おうということであろうか、そのひたむきな職業人生の一端を垣間見させてくれている、偉大な人生に違いない。

２９９『岡山の歴史と岡山人』

岡山人（20～21世紀、木原光知子）

木原光知子（きはらみちこ、１９４８～２００７）は、水泳選手、タレント、そして水泳教室（スイミングスクール）の経営者である。兵庫県の生まれ。名は、美知子という。幼い頃から、水泳に親しんでいたようである。中学校在学時から、選手として活躍する。１９６４年（昭和39年）には、岡山の山陽女子高校1年生、16歳の時であって、当時最年少の若さでオリンピック東京大会に出場する。特に、４００メートルメドレーリレーの最終泳者をつとめ、そのチームは自由形を泳ぎ4位入賞を果たす。

それが、日本大学在学中に現役引退を発表する。これに至るには、１００メートル自由形日本記録保持者を出して一区切り、他にやりたいことがあるとも、体力と気力の限界を感じたからとも評されるものの、やはり後者が主な理由での引退だったのではないだろうか。それからは、彼女の周囲としても、本人に次の目標を見つけ、うまく変わってほしいがゆえのアドバイスもしたのかも知れない。つまるところ、その爽やかスマイルでもって、モデルやタレント活動をしていく。１９８３年（昭和58年）になると、今度は水泳教室「ミミスイミングクラブ」を始める。水泳界での地位も上がって、２００５年には、日本水泳連盟理事となる。さらに２００７年からは、同連盟のキッズ育成プロジェクトを担当する。

それらと相俟って、何かと笑顔を忘れない、素敵な女性として女性雑誌の表紙を飾り、またテレビのバラエティ番組やドラマなどにも積極的に出演していたのではないか。さらに競技者としても、年齢別のマスターズ水泳大会において世界記録を出すなど、まだ老いていないと言わんばかりの活躍をしていく。ところが、同年10月、水泳指導中にくも膜下出血で倒れたのは、その間をほぼ休みなく働き、体に無理を無理してきたためであったろうか。折しも時代は、スポーツで人生を「健康で楽しく」のスタイルが根付き始める頃であったろう。そして、さっぱりした口調で「生きているなら燃えなきゃ損、燃えて一生懸命やったらファーと窓が開ける」と常々言っていた。21世紀の幕開けにふさわしい、柔軟にして爽やかな生き方を示してくれていた、学ぶところの大きな人として、今も語り継がれている。

３００『岡山の歴史と岡山人』

岡山人（20～21世紀、山本博文）

山本博文（やまもとひろふみ、１９５７～２０２０）は、日本の近世史を扱う歴史家、そして教育者である。しかも、ＮＨＫ教育テレビの番組「知恵伊豆」などに出演して、気さくな感じで解説してくれることから、茶の間での人気も高い、いわば現代風の学者であろう。津山市上之町の生まれ、県立津山高等学校を卒業して、東京大学文学部国史学科に進む。１９８２年（昭和57年）に同学大学院を修了後は大学に残り、学究の道に入る。同大学の資料編纂所に務めたのは、その大いなる学識を養うに必要な環境であったのではあるまいか。

その学風としては、日本史の中でも、「近世政治史を中心にして、武士の社会史から大奥女中の組織論まで、新たな江戸時代像を提示し続けている」（「忠臣蔵の決算簿」での著者紹介から）とある。とはいうものの、若い頃から歴史にちなんだエッセイも手掛けるほどの文筆家である。一般に馴染みの著作としては、ざっと、「寛永時代」（吉川弘文館）辺りから「江戸城の宮廷政治」（講談社学術文庫）、「鎖国と海禁の時代」（校倉書房）、「江戸のお白州」（文春新書）「日本史の一級史料」（光文社新）、「御殿様たちの出世」（新潮選書）、「大奥事始め」（日本放送出版協会）、「江戸の組織人」（新潮文庫）、「天下人の一級史料」（柏書房）、「江戸お留守居役の日記」（講談社学術文庫）へ、さらに日本近世史において有名どころの「関ヶ原の決算書」（新潮文庫）、「忠臣蔵の決算書」（新潮社）などがあろう。そんな中から、何をどう取り上げて紹介するかには、かなりの勇気が要る。さし辺り、この紙面では、元禄の頃から幾つかの記述を引用させてもらおう。

「綱吉は、儒学を重んじて幕臣に講義を行い、また仏教にも帰依（きえ）して、殺伐（さつばつ）とした風潮を改めるため、生類憐（しょうるいあわ）れみの令を率先して実施した。これは極端な動物愛護令で、犬を傷つけただけで流罪に処せられるなど弊害も多かったが、捨て子を禁じるなどの見るべき点もあった。また、諸国の神社仏閣の修復（しゅうふく）にも努めた。」（山本博文監修、蒲生眞紗雄（がもうまさお）、後藤寿一（ごとうじゅいち）、一坂太郎（いちさかたろう）著「江戸時代265年、ニュース事典」柏書房、２０１２）

こちらでは、当代の最高権力者の再評価につながる向き（ベクトル）もあろう。また、都市文化の側面から、大枠が語られている。

「綱吉の治世である元禄時代は、経済発展によって都市文化が花開いた時期であった。この時代に始められた友禅染に見られるように、衣服も華やかなものとなり、歌舞伎や浄瑠璃などの劇場文化も確立した。俳句の松尾芭蕉が全国を旅したように、地方の庶民にも俳句などの都市文化を受容する者がでた。」（同、前掲書）

さて、元禄の頃の一大事件といえば、やはり「赤穂浪士の討ち入り」だろうか。その中でも、エッセンスだと思われる、次の下りを紹介しよう。

「旧赤穂藩の浪人たちが、主君の敵と称して本所松坂町の吉良上野介邸に討ち取ったのも綱吉の時代である。この事件が、武士だけでなく庶民に受け入れられたのは、武士の意地を示すことが珍しくなっていたためであろう。赤穂事件や、当時頻発していた心中事件なども、すぐに芝居となって上演された。」（同、前掲書）

「赤穂の浪人たちは、「武士の一分」を立てるためには成否を考えず闇雲に行動するという直情径行な武士ではなかった。そうした気持ちを抑え、武士としての筋を通すためには、一定の計画性とそれを実行する人数が必要で、そのためには多少の意見の違いは越えて一味し、それに参加するしかないと、理性的に考えていた。そして、その首領である内蔵助は、藩を手仕舞った資金の一部を手元に残し、討ち入りまでにこれを巧みに使った。元禄武士とは、そのような武士なのである。

こうした分別や計画性は、それ以前の武士では考えが及ばないことであっただろう。だが、一方で元禄武士は、江戸時代初期の武士に特有の「かぶき者」的な猛々（たけだけ）しい心性をまだ色濃く残していた。主君の鬱憤（うっぷん）を散じるために幕府の裁定を自力で覆すというようなことは、そうした心性なしでは不可能であった。しかし、かぶき者的な武士のあり方は、幕政が安定期に入った元禄期以降、急速にその姿を消している。」（山本博文「『忠臣蔵』の決算書」新潮文庫、２０１２）

それから、元禄期を規定する社会経済環境について、山本監修の前掲書はこう説明している。

「江戸時代前期、貨幣収入を得るため、多くの村で商品作物の生産が行われるようになった。幕府は、田畑勝手作りの禁令を出してこれを禁じたが、ほどなく効力はなくなった。各地で木綿、生糸、紅花、藍などの商品作物の栽培が普及するにつれ、農村でも家内工業が見られるようになった。17世紀の後半には、先進地域で、都市の問屋商人が資金や原料を農家に前貸しして、製品を受け取る問屋制家内工業も現れた。また、酒造や醤油などの醸造業では、17世紀から労働者を集めて生産する工場制手工業が行われていたが、18世紀後半になると、織物業などにも工場制手工業が行われるようになった。それまで生糸や絹織物は、主に中国製品の輸入に頼っていたが、18世紀後半には国内生産で賄（まかな）えるようになった。この技術と生産の発達が、近代以降の日本の貿易を支えることになる。」（前掲「江戸時代２６５年、ニュース事典」）

さらに一つ、しっかりとした資料に裏打ちされた上での一見解として、同前掲書は次のように論説している。

「百姓（ひゃくしょう）は、武士と城下町などに住む町人を除いた江戸時代の身分（みぶん）である。高率の年貢に苦しめられたとされるが、年貢徴収の基礎となる石高（こくだか）は、江戸時代前期までに定められたものだったから、比較的余剰が残された。百姓が所属する村は、現在の自治体に近い行政団体である。年貢（ねんぐ）は、村の長である名主（なぬし）や村役人によって徴収され、領主に上納された。また、村入用（むらにゅうよう）を徴収して行政経費にあて、自警団（じけいだん）を組織して村を守ることもあった。」（同、前掲書）

重ねてまた、こうも指摘している。

「江戸時代の身分制は、かつては士農工商（しのうこうしょう）と呼ばれていたが、現在では、武士と百姓・町人の二分類で語られるのが一般的である。武士は支配階級であり、百姓・町人は被支配階級であるが、実は両者の身分差は、それほど大きなものではなかった。町人は、武士よりも経済的に裕福な者が多く、御家人株（ごけにんかぶ）を取得して御家人になることもあり、百姓も武家奉公（ぶけほうこう）などを通じて武士身分にのぼっていくことがあった。江戸時代の身分は、固定的なものではなかったのである。」（同、前掲書）

これらでは、監修者の立場ながらも、封建制度をやや「無難化」「平板化」している感じも散見されるのだが、あるいは幅広い読者に向けて一通りの問題提起をしているのかも知れない。近世日本史のリード役として自他ともに認める案配であったところ、歴代一級資料に裏付けされた、その堂々たる、しかも人々の「温かな血がかよう、そして息遣いが感じられる」ように常に心掛けていると察せられよう。そんな学風は、傍（はた）からは意外と簡単そうに見えて実のところは稀代レベルのたゆまぬ努力を必要とするものであろう。これからも歴史家人生の有為なる一典型として、より多くの人に親しまれ、末永く語り継がれていくものと信じたい、偉大な人生だ。

あとがきに代えて

本書・「岡山ゆかり人」（副題は「その人生に学ぶ」）は、「岡山の今昔（岡山の歴史と岡山人）」というタイトルで、21世紀に入ってからの拙ブログの一つとして公開し、折に触れて記述を追加していたものを元にして、岡山人の部分を抜き出して編集したものです。今回はその第4巻ですが、これまでに、登場人物に政治家（武士を含む）の比重が高い、人物像にもっと幅がほしい、ジャンル別にまとめたらどうか、などのご指摘を頂戴しております。この間、もはや厚いベールの彼方に去っていきそうな人物像を手繰りして述べることの難しさを感じて来ました。それらの折々の検討とあわせて、21世紀現在までの一通りの人物像をカバーしたいという、本シリーズの目標をどの位達成できたのかは、筆者限りでは定かではありません。もちろん、我が身を顧みますと、未だにこの方面への不案内を多々感じております折から、これまでの取り組みに関連しての第5巻及び次の類似の企画においては、幾らかなりとも内容を改善していきたいと願っているところです。

末尾ながら、執筆にあたり、今回の出版を快く引き受け、協力してくださったつむぎ書房、そして同出版に係る実務を担当して下さった各位、そして終始、適切な助言をしてくれた妻に、心から感謝いたします。

２０２４年5月　丸尾泰司（まるおたいじ）

目次（第1巻）

(33)岡山人（17～18世紀、河本又七郎）
(34)岡山人（18～19世紀、小寺清先）
(35)岡山人（18～19世紀、河本立軒）
(36)岡山人（18～19世紀、山嶋大年
(37)岡山人（18～19世紀、小野光右衛門）
(38)岡山人（18～19世紀、川合忠蔵）
(39)岡山人（18～19世紀、谷東平）
(40)岡山人（18～19世紀、太田直太郎、内藤定次郎、内藤孝次郎）
(41)岡山人（18～19世紀、藤田秀斎、佐藤善一郎、佐伯義門）
(42)岡山人（18～19世紀、早川正紀（早川八郎左衛門）
(43)岡山人（18～19世紀、丸川松陰）
(44)岡山人（18～19世紀、岡本豊彦）
(45)岡山人（18～19世紀、広瀬臺山）
(46)岡山人（18世紀、西山拙斎）
(47)岡山人（19世紀、鞍懸吉寅）
(48)岡山人（18～19世紀、浦上玉堂）
(49)岡山人（18～19世紀、宇田川榕庵）
(50)岡山人（18～19世紀、良寛）
(51)岡山人（19世紀、原田直次郎）
(52)岡山人（18～19世紀、宇田川玄真）
(53)岡山人（18～19世紀、関藤藤蔭）
(54)岡山人（18～19世紀、野﨑武左衛門）
(55)岡山人（18～19世紀、正木兵馬）
(56)岡山人（18～19世紀、植月六郎左衛門）
(57)岡山人（18～19世紀、宇田川興斎）
(58)岡山人（18～19世紀、岸本武太夫）
(59)岡山人（18～19世紀、河本公輔）
(60)岡山人（19世紀、宇田川玄随）
(61)岡山人（19世紀、緒方洪庵）
(62)岡山人（19世紀、横山廉造）
(63)岡山人（19世紀、箕作阮甫）
(64)岡山人（19世紀、津田真道）
(65)岡山人（19世紀、宇田川秋坪）
(66)岡山人（19世紀、箕作省吾）
(67)岡山人（19世紀、箕作麒麟）
(68)岡山人（19世紀、大石隼雄）

目次(第2巻)

（104）岡山人（19〜20世紀、箕作佳吉）
（105）岡山人（19〜20世紀、菊池大麓）
（106）岡山人（19〜20世紀、原村元貞）
（107）岡山人（19〜20世紀、山田純造）
（108）岡山人（19〜20世紀、平沼淑郎、平沼麒一郎）
（109）岡山人（19〜20世紀、宇田川準一）
（110）岡山人（19〜20世紀、田渕まさ代）
（111）岡山人（19〜20世紀、浮田佐平）
（112）岡山人（19〜20世紀、服部和一郎）
（113）岡山人（19〜20世紀、与田銀次郎）
（114）岡山人（19〜20世紀、永山久吉）
（115）岡山人（19〜20世紀、大原孝四郎）
（116）岡山人（19〜20世紀、戸塚文海）
（117）岡山人（19〜20世紀、清水比庵）
（118）岡山人（19〜20世紀、上島鳳山）
（119）岡山人（19〜20世紀、大林千萬樹）
（120）岡山人（19〜20世紀、大西祝）
（121）岡山人（19〜20世紀、田中塊堂、佐藤一章）
（122）岡山人（19〜20世紀、大岡熊次郎）
（123）岡山人（19〜20世紀、竹内文）
（124）岡山人（19〜20世紀、立石岐）
（125）岡山人（19〜20世紀、仁木永祐）
（126）岡山人（19〜20世紀、安井誠一郎）
（127）岡山人（19〜20世紀、阪田久五郎）
（128）岡山人（19〜20世紀、黒住章堂）
（129）岡山人（19〜20世紀、香川英五郎）
（130）岡山人（19〜20世紀、津田白印）
（131）岡山人（19〜20世紀、山上喜美恵）
（132）岡山人（19〜20世紀、児島虎次郎）
（133）岡山人（19〜20世紀、柴原宗助）
（134）岡山人（19〜20世紀、福田英子、米川文子（初代））
（135）岡山人（19〜20世紀、厳津政右衛門）
（136）岡山人（19〜20世紀、三好伊平次）
（137）岡山人（19世紀、安達清風）
（138）岡山人（19〜20世紀、宇野弘蔵）
（139）岡山人（19〜20世紀、新庄厚信、石部誠中、高崎五六）

目次（第3巻）

（174）岡山人（19～20世紀、赤松麟作）
（175）岡山人（19～20世紀、松岡壽）
（176）岡山人（19～20世紀、渡辺元一、高梁慈本）
（177）岡山人（19～20世紀、内田鶴雲、高橋聖鶴）
（178）岡山人（20世紀、尾崎小太郎）
（179）岡山人（19～20世紀、大村清一）
（180）岡山人（19～20世紀、森近運平）
（181）岡山人（19～20世紀、竹久夢二）
（182）岡山人（19～20世紀、大原孫三郎）
（183）岡山人（19～20世紀、福井純一）
（184）岡山人（19～20世紀、平櫛田中）
（185）岡山人（20世紀、中山幸一）
（186）岡山人（20世紀、布施健）
（187）岡山人（19～20世紀、生田安宅、黒正巌）
（188）岡山人（19～20世紀、福西志計子、三島三洲）
（189）岡山人（20世紀、宗道臣）
（190）岡山人（20世紀、妹尾順平）
（191）岡山人（20世紀、林原一郎）
（192）岡山人（19～20世紀、薄田泣菫）
（193）岡山人（20世紀、小山冨士夫）
（194）岡山人（20世紀、川崎裕宣）
（195）岡山人（19～20世紀、谷崎潤一郎）
（196）岡山人（19～20世紀、外村吉之助）
（197）岡山人（19～20世紀、尾上紫舟）
（198）岡山人（20世紀、森下精一）
（199）岡山人（20世紀、河野進）
（200）岡山人（20世紀、小山祐二）
（201）岡山人（19～20世紀、アリス・ベティ・アダムス）
（202）岡山人（19～20世紀、石井十次）
（203）岡山人（19～20世紀、留岡幸助）
（204）岡山人（19～20世紀、山室軍平）
（205）岡山人（19～20世紀、片山潜）
（206）岡山人（19～20世紀、宇垣一成）
（207）岡山人（19～20世紀、安部磯雄）
（208）岡山人（19～20世紀、小野竹喬）
（209）岡山人（19～20世紀、吉野善介）
（210）岡山人（19～20世紀、山内善男、大森熊太郎、

小山益太、大久保重五郎、西岡仲一）
（211）岡山人（19～20世紀、犬養毅）
（212）岡山人（19～20世紀、内田百閒）
（213）岡山人（20世紀、大原総一郎）
（214）岡山人（19～20世紀、仁科芳雄）
（215）岡山人（19～20世紀、武岡鶴代）
（216）岡山人（19～20世紀、内山完造）
（217）岡山人（19～20世紀、上代淑）
（218）岡山人（19～20世紀、片岡鉄兵）
（219）岡山人（19～20世紀、延原謙）
（220）岡山人（19～20世紀、兼重陶陽）

※謹告　「岡山ゆかり人」第3巻の「はじめに」において、「渡辺崋山（わたなべかざん）」「崋山」とあるのを、それぞれ「佐久間象山（さくましょうざん）」「象山」に訂正をさせていただきます。ご迷惑をおかけしましたことを、深くお詫び申し上げます。

著者プロフィール
丸尾泰司（まるお　たいじ）
　1952年、岡山県勝田郡勝北町（現在の津山市）の農家の生まれ。津山工業高等専門学校機械工学科、神戸大学法学部法律学科夜間課程を卒業。国家公務員（会計課を経て、主に国内外の工場検査を担当）を定年退職した後は、ライフワークとしての世界、日本、そして郷里の歴史に引き続き学ぶ。カール・マルクスに学んでの経済評論家でもあり、1983年（当時は通商産業省に勤務）での「独禁法再改正論議に寄せて」を皮切りに、これまでに80篇余りの現状分析を発表。最近の主な論文に、「消費税増税を考える（上）（下）」「アメリカの経済・労働・生活」シリーズ、「インドの台頭とモディ政権の「自立したインド」政策」「中国の政治・経済・労働・生活（序説）」「中国の景気対策の現局面と雇用回復への展望」がある。いずれも、額に汗して働く人々が輝かしい未来社会を切りひらく一助となるよう、その願いを込めて活動している。「岡山ゆかり人　岡山の歴史と岡山人第1巻」つむぎ書房、2023）、同第2巻（2023）、同第3巻（2024）、「岡山の歴史（古代・中世篇）」文芸社、2003。現住所は、岡山県津山市林田（はいだ）（2023年8月に埼玉県比企郡から移住）

以上

岡山ゆかり人　第４巻

2024年6月26日　　第1刷発行

著　者―――丸尾泰司
発　行―――つむぎ書房
〒103-0023　東京都中央区日本橋本町2-3-15
https://tsumugi-shobo.com/
電話／03-6281-9874
発　売―――星雲社（共同出版社・流通責任出版社）
〒112-0005　東京都文京区水道1-3-30
電話／03-3868-3275

ISBN 978-4-434-34101-4
落丁・乱丁本はお手数ですが小社までお送りください。
送料小社負担にてお取替えさせていただきます。